D1668435

unentwegt
bewegt

margit gräfin szápáry (1871 – 1943)

Herausgegeben von Christian Blinzer

Im Auftrag der Gemeinde Ramingstein
und des Kulturvereins ‚urkult'.

w|pfeifenberger
verlag

Planung und Durchführung

Regionalausstellung
„Die Gräfin vom Lungau – Wege in die Zukunft"
28. Mai bis 28. Oktober 2007 und 10. Mai
bis 22. September 2008

www.diegraefin.at

Veranstalter:
Gemeinde Ramingstein
Kulturverein ‚urkult'

Projektleitung:
Hans Bogensberger

Planungsteam:
Christian Blinzer
Hans Bogensberger
Dr. Rosemarie Fuchshofer
Mag. Reinhard Simbürger

Gestaltung und Umsetzung:
Peter Angermann
Christian Blinzer
Dr. Rosmarie Fuchshofer
Hubert Kendlbacher
Adolf Löcker
Romana Pattis
Andrea Riedl
Mag. Reinhard Simburger
Mag. Vivian Simburger
Carmen Steinschnack
Frieda Steinschnack
Martin Zechner
Gemeinde Ramingstein

Adaption der Ausstellungsorte:
Friedl Cevela (Burg Finstergrün)
Leonhard Kocher (Jagglerhof)
Helmut Regner (Burg Finstergrün)

Filmprojekt:
Christian Blinzer
Martin Macheiner

ARGE Szápáry:
Christian Blinzer
Hans Bogensberger
Friedl Cevela
Dr. Rosemarie Fuchshofer
Leonhard Kocher
Mag. Peter Lintner
Dr. Anita Moser
Helmut Regner
Mag. Andrea Schindler-Perner
Mag. Reinhard Simbürger
Heidi Steinwender
Robert Wimmer
Franz Winkler

Ausstellungskatalog:
Christian Blinzer (Herausgeberschaft)
Cornelia Hohenbichler (Personenverzeichnis)
Karl Müssigang (Layout)
Mag. Heike Ortner (Lektorat)
Athesia-Tyrolia Druck GmbH, Innsbruck (Druck)
Wolfgang Pfeifenberger (Verlag)

Mit freundlicher Unterstützung von:
Land Salzburg, Gemeindeentwicklung Salzburg,
EU Leader+ Projekt, Salzburger Volkskultur

Eigentümer und Verleger:
Verlag Wolfgang Pfeifenberger
Amtsgasse 15
A-5580 Tamsweg
Tel. 0043/6474/2900
e-mail: w.pfeifenberger@sbg.at

Gedruckt in Österreich

ISBN 978-3-901496-12-7

© 2007 Verlag W. Pfeifenberger

Inhalt

Wege in die Zukunft

Editorial: „unentwegt bewegt"

Margit Gräfin Szápáry (1871–1943), Comtesse, Ehefrau, zweifache Mutter, junge Witwe, politische, öffentlich wirkende Persönlichkeit, bewegte sich geographisch zwischen Schlesien, Ungarn, Salzburg und anderen Ländern der Monarchie, sie wirkte unentwegt im Lungau, war ständig aktiv, verfolgte unbeirrt ihre Ideen und hielt beharrlich an ihren Idealen fest, sie unterstützte und ermöglichte infrastrukturelle Errungenschaften, die Entwicklung und Fortschritt brachten, sie bewegte sich zwischen sozialen Schichten, war in Adelskreisen etabliert, mit Persönlichkeiten ihrer Zeit bekannt und gleichzeitig der überwiegend ländlichen Bevölkerung des Lungaus eine zugängliche „Tschawari-Gräfin", bewegte sich zu Randgruppen hin, die der Fürsorge bedurften, zu Witwen und Waisen, sie sorgte im wahrsten Sinne des Wortes für Bewegung für Invalide, war religiös bewegt und bewegte durch ihre *caritas* andere, gab ihrem Leben eine unverkennbare Ausrichtung, ermöglichte und ebnete Wege in die Zukunft: Margit Gräfin Szápáry, unentwegt bewegt.

Die Ausstellung „Die Gräfin vom Lungau – Wege in die Zukunft" gliedert sich in zwei Orte: Auf der Burg Finstergrün steht die Biographie von Margit Szápáry im Vordergrund, am Jagglerhof werden einige Bereiche ihres vielfältigen Wirkens dargestellt. Die „ARGE Szápáry" formte in zweijähriger gemeinsamer Arbeit dafür die Schwerpunktsetzungen. Das Feinkonzept für Aufbau und Ablauf der Ausstellung entwickelte das Planungsteam um Hans Bogensberger, Rosemarie Fuchshofer und Reinhard Simbürger, an dem auch ich mitarbeiten durfte. Es ist mir ein großes Anliegen, allen in ARGE und Planungsteam für die individuellen Zugänge, die kritischen Einschätzungen und die fruchtbaren Diskussionen herzlich zu danken. Ein besonderer Dank gilt den Autorinnen und Autoren, die durch eine überaus belebende Mischung aus historischen, künstlerischen, persönlichen, theologischen und soziologischen Perspektiven diese Begleitpublikation gelingen ließen.

Christian Blinzer
Tamsweg, im April 2007

Starke Persönlichkeiten gehen ihren eigenen Weg! Die Gräfin vom Lungau – Wege in die Zukunft

Hans Bogensberger

Wer nach seinen Wurzeln forscht,
wird den Weg in die Zukunft entdecken!

Ich habe ein Hobby. Ich sammle Ansichtskarten. Je älter diese sind, desto lieber ist es mir. So entstand über Jahrzehnte hinweg eine bunte Collage von Bildern von Dörfern, Landschaften und Regionen. Die Veränderung von Wünschen nach Erholung (pardon, jetzt sagt man Wellness) und die Wahrnehmung von Natur und Umwelt lassen sich damit durchaus darstellen. Dem Grunde nach zeigen diese bunten Bilder aber immer nur das Gleiche: Eine schöne Kirche, einen schmucken Dorfplatz, eine idyllische Herberge vor dem markanten Felsmassiv inmitten satter Almwiesen, natürlich blauen Himmels und damit permanenten Sonnenscheins. Aber wo bleiben die Menschen, die dort wohnen? Will man denn in ein menschenloses Paradies fahren? Ist es nicht berichtenswert, welche Freuden und Probleme die Einheimischen haben? Wie sie sich selbst sehen und welche Perspektiven sie entwickeln? Die Werbewirtschaft wird schon eine Erklärung dafür haben, allenfalls finden.

Ich möchte Ihnen nun aber eine völlig andere Ansichtskarte zeigen: Das Lebensbild einer Frau, welche die festgefügten Mauern einer Dorfidylle sprengte, die dörfliche Gemeinschaft aber mit neuem Leben erfüllte: Margit Gräfin Szápáry (1871–1943). Weltoffen und volksverbunden, Managerin, Helferin und Visionärin. Wenn eine Frau mit so vielen positiven Attributen ausgestattet wird, noch dazu in einer Zeit patriarchaler Festungen, ist es allemal wert, genauer hinzuschauen. In einer Zeit großer Umbrüche und politischer sowie sozialer Verwerfungen sind solche Persönlichkeiten nicht nur Anker, sondern auch Wegweiser. Denn solchen Veränderungen konnte sich auch das entlegendste Dorf nicht entziehen.

„Starke Persönlichkeiten gehen ihren eigenen Weg, trotzdem bleiben sie immer Kinder ihrer Zeit, ihr Wirken kommt und vergeht mit den Strömungen ihrer Epoche." (Nora Watteck in ihrem biographischen Aufsatz über Margit Gräfin Szápáry). Mit der Ausstellung „Die Gräfin vom Lungau – Wege in die Zukunft" möchten wir auf die Spurensuche dieser großen Persönlichkeit gehen. Ihr posthum eine Würdigung zukommen zu lassen, gleichsam ein Denkmal zu setzen, ist wohl nur ein Aspekt dieses Projektes. Der für mich jedoch bedeutendere Teil sind ihre Ansätze zu Dörflichkeit und Regionalentwicklung. Diese sind aktueller denn je und können heute noch Wegweiser sein in der Auseinandersetzung über Entwicklungschancen ländlicher Regionen und Einheiten. Wenngleich die äußeren Bedingungen damals anders waren als heute, sind zentrale Gegebenheiten in etwa gleich geblieben. Die Bindung zur Region hat kaum ab-, die Flexibilisierung in der Wirtschaft jedoch stark zugenommen. Wohin gilt es heute also unsere Perspektiven zu entwickeln? Die Ausstellung soll einerseits Eindrücke vermitteln, andererseits aber Lösungsansätze von damals in die heutige Zeit transferieren, um so eine Diskussion in Gang zu setzen. Dabei dürfen sich die Besucher/innen nicht erwarten, Patentrezepte mit nach Hause nehmen zu können. Jedenfalls aber zielt alles darauf ab, Identifikation mit Land und Leuten zu fördern. Dabei sind wir mittlerweile ja bei einem zentralen Punkt unseres Vorhabens angelangt: der Auseinandersetzung mit sich und der Umwelt. Sich auf den Weg machen und das Ziel definieren.

Der Lungauer Ort Ramingstein, im südöstlichsten Teil des Bundeslandes Salzburg gelegen, weist im Lauf seiner bewegten Geschichte viele Höhen und Tiefen auf. Im mittelalterlichen Bergbau – Blei, Silber und Eisen wurden hier abgebaut und verhüttet – war die wechselhafte Fündigkeit dieser Rohstoffe ausschlaggebend für bescheidenen Wohlstand oder Armut. Zumal der vorgegebene Wechselkurs des Grundeigners als Steuerungselement ein unüberwindbares Monopol darstellte. Noch nicht genug, nachdem der Bergsegen am Beginn des 19. Jahrhunderts endgültig versiegte, kam 1841 ein verheerender Waldbrand über die verarmte Gemeinde. Die Anwesen beinahe der gesamten Talschaft fielen dem Feuer zum Opfer. Eine schmerzliche Zäsur, der landesweite solidarische Hilfsaktionen folgten.

Erst mit dem Bau der Murtalbahn 1893/94 war ein wintersicherer Transportweg zur Verfügung und konnte in der Folge ab 1902 eine Papier- und Pappefabrik angesiedelt werden. Etwa zur gleichen Zeit war auch das jungvermählte Ehepaar Szápáry in Ramingstein sesshaft geworden und damit begann für die gesamte Region eine Erfolgsgeschichte. Eine Art Gründerzeit setzte ein, Schulbauten wurden in Angriff genommen, Kulturinitiativen gestartet, wirtschaftliche Impulse waren die Folge der positiven Grundstimmung. Maßgeblichen Anteil daran hatte die Burgfrau zu Ramingstein, Margit Gräfin Szápáry. Allerdings fand diese überregionale Aufbruchstimmung mit dem Ausbruch des Ersten Weltkrieges ein jähes Ende. Wieder waren menschliches Elend, Hunger und Not in das Land gezogen. Aber gerade hier entfaltete sie ihre Stärke. Dabei drängt sich unweigerlich das Bild einer Wasserquelle in den Vordergrund. Die Schüttung einer Quelle nach Qualität und Quantität bewertet man niemals nach einer ausgiebigen Regenperiode. Jedenfalls aber nach einer Trockenheit, die alle Oberflächenwasser längst zum Versiegen gebracht hat. Jene Quelle aber, die aus der Tiefe gespeist wird, bringt Beständigkeit und wird zum begehrten Lebensmittel.

Margit Gräfin Szápáry: Die Helferin

Die Kraft der kleinräumigen Strukturen ausnutzend, organisierte Margit Gräfin Szápáry Hilfe zur Selbsthilfe. Im Kleinen wie im Großen eine schnelle und verlässliche Helferin zu sein, die ihre Verbindungen zur hohen Politik zu nutzen wusste, wie auch in der persönlichen Hinwendung Menschen in ihrem Schicksal beizustehen. Bei Unglücksfällen und Katastrophen sofort die ärgste Not zu lindern und Hilfsmaßnahmen einzuleiten, brachten ihr große Wertschätzung in der Bevölkerung ein. Vielfach wurde sie auch als die „Mutter des Lungaus" bezeichnet. Beinahe skurril mutet aus heutiger Sicht eine Bemerkung in dem bereits genannten biographischen Aufsatz:

„Auch gebe es bald im Lungau keine Bäuerin mehr, deren falsche Zähne nicht eine Spende der Gräfin seien." (Nora Watteck).

Margit Gräfin Szápáry: Die Managerin

Mitunter erweist es sich als Vorteil, wenn jemand in eine Region zuzieht, also ein sogenannter ‚Zuagroasta' ist. Wenngleich von den Einheimischen nicht immer vorurteilsfrei aufgenommen, kommen doch meist neue Ideen und Sichtweisen mit herein. Bei Margit Gräfin Szápáry – eine ‚Zuagroaste' – kommt noch dazu, dass sie, geprägt durch ihr Elternhaus, gewohnt war, Entwicklungen einzuleiten und umzusetzen. Das oberschlesische Gewerkengeschlecht der Henckel von Donnersmarck hat die europäische Geschichte wesentlich mitgeprägt (vgl. den Beitrag von Peter Wiesflecker). Ihre Verbindungen hinein in die Machtzentren der Monarchie, später dann in die Politik der Zwischenkriegszeit, waren für ihre Initiativen in der Region sicher von großem Vorteil. Ihr Engagement, das zur Gründung von Frauenvereinigungen und -netzwerken führte, entsprach den gesellschaftlichen und politischen Dringlichkeiten der damaligen Zeit. Hier ging sie unbeirrt einen eigenständigen Weg, der fürwahr nicht überall auf begeisterte Zustimmung gestoßen ist.

Ein interessantes Kapitel ihres Wirkens ist ihre Einstellung zu den kleinen gewachsenen Einheiten des Dorfes und der Region. Die Schulen als Bildungseinrichtungen waren ihr ein besonderes Anliegen, die Kirche, die sich in der Gemeinschaft der Gläubigen definiert, aber auch die Verwaltungseinheiten in Gemeinde und Region als wichtige Eckpfeiler für die Identifikation ihrer Bürgerinnen und Bürger. Mit gleicher Energie forderte sie aber stets auch die Weite des Denkens, die Weltoffenheit ein. Sich nicht engstirnig hinter den Mauern der eigenen Dörflichkeit zu verstecken, sondern auch Mitverantwortung zu übernehmen und Wachsamkeit walten zu lassen gegenüber den Strömungen der Zeit. Das Neue nicht immer nur als Bedrohung zu verstehen, sondern auch die Chancen zu nutzen, die sich daraus ableiten lassen. Ihre innovative Kraft sieht man auch darin, dass sie z. B. Bauern Exkursionen bis in die Schweiz ermöglichte, um neue Bewirtschaftungsformen zu sondieren. Sie organisierte die Ernährungswirtschaft nach dem Ersten Weltkrieg weit über die Region hinaus und gründete Selbsthilfevereine. Außerdem zeigte sie, wie mit dem Wenigen auszukommen war, das zur Verfügung stand.

Margit Gräfin Szápáry: Eine Frau mit Weitblick

Der heute mehr denn je gültige Satz von Helmut Qualtinger „I hab zwar ka Ahnung, wo i hin will, aber dafür bin i schneller dort!" zeigt treffend das Manko unserer Zeit auf. Auch hier zeigt uns Margit Gräfin Szápáry einen Weg in die Zukunft. Sich auf den Weg zu machen allein ist noch zu wenig. Ein Ziel zu definieren, ja, eine Vision zu entwickeln, ist für den/die Einzelne/n genauso wichtig wie für eine dörfliche oder regionale Gemeinschaft. Gerade in den Schicksalsjahren der ersten Hälfte des zwanzigsten Jahrhunderts war das Ziel, dass es wieder besser werden wird, das Überlebensmittel schlechthin. Geprägt auch durch ihren unerschütterlichen Glauben verstand sie es, die Menschen wieder aufzurichten und ihnen ein Ziel zu vermitteln. Mit ihrer außergewöhnlichen Gabe der Beobachtung und Analyse politischer Entwicklungen behielt sie in

Abb. 1 Die Gräfin vom Lungau – Wege in die Zukunft

den Dreißigerjahren des 20. Jahrhunderts leider Recht: Sie sah schon in dieser Zeit eine herannahende nächste Katastrophe – den Ausbruch des Zweiten Weltkrieges – als fast unausweichliche europäische Entwicklung. Während des Krieges starb sie 1943 bar jeden Reichtums. Geblieben sind ihre Taten und ihre Visionen, die es weiterzuentwickeln gilt.

Vom Gestern ins Heute: Kultur als Ansatzpunkt einer neuen Dörflichkeit

Mit einer kleinen Gruppe Kulturbegeisterter begann alles Ende der 1990er Jahre. Natürlich begleitete uns immer wieder der Zuruf, dass das ohnedies alles nutzlos sei. (Mittlerweile sind aus den Kritikerinnen und Kritikern Neiderinnen und Neider geworden.) Aber von der Idee begeistert, dass Kultur eigentlich erst den Boden bereitet für die dörfliche und regionale Identität, schlossen sich immer mehr unseren Initiativen an. Brauchtum wieder neu zu entdecken, das historische „David-und-Goliath-Spiel" wiederzubeleben, die Bergbautradition des Ortes den Menschen näherzubringen und das historische Marktrecht aufleben zu lassen, sind einige Beispiele am Beginn einer spannenden Entwicklung. Das Theater der Gruppe Mokrit wurde ein fixer Bestandteil des jährlichen Kulturlebens. Mit dem Stück „Die Fabrik" gelang schließlich endgültig der Durchbruch. Begleitend begann auch unsere Ausstellungstätigkeit: 2000 die Ausstellung „Papier für China". Am Beginn des zwanzigsten Jahrhunderts gab es ja in Ramingstein eine Papierfabrik. Die dort erzeugten Papier- und Pappeprodukte wurden überwiegend exportiert, eben bis nach Ägypten und China. Neben den technischen Möglichkeiten der damaligen Zeit zeigten wir auch die plötzlichen Veränderungen im dörflichen Zusammenleben auf. 2001 dann die Ausstellung „Weibsbilder", welche die Veränderung des Frauenbildes in der ersten Hälfte des 20. Jahrhunderts zum Inhalt hatte. Den Dreierzyklus schloss dann die Ausstellung 2002 mit dem Thema „Lebens(z)we(i)ge" ab. Hier konnte man den Veränderungen im Dorf in Zwanzigjahressprüngen nachspüren. Die Theatergruppe Mokrit erhielt mehrmals Auszeichnungen für die hohe Qualität ihrer Produktionen, die Kulturinitiativen Ramingstein erhielten 2002 den „Tobi-Reiser-Preis" zuerkannt. Die große Resonanz unserer gemeinsamen Kulturarbeit (auch in Zusammenarbeit mit der „Lungauer Kulturvereinigung") hat Ramingstein zu einem weitum bekannten Kulturdorf werden lassen. Die immer noch zunehmenden Besucherzahlen haben uns Mut gemacht, und so haben wir uns an das Projekt der Regionalausstellung „Die Gräfin vom Lungau – Wege in die Zukunft" gewagt.

Schon als Bürgermeister hat mich das Wirken der Gräfin „Tschapary", wie sie im Volksmund immer noch gerne genannt wird, beeindruckt. Ich selber habe sie ja nicht mehr gekannt, aber in vielen Erzählungen begegnete ich ihr immer wieder. Grund genug, hier nachzuforschen. Hier möchte ich mich bei der Enkelin der Gräfin, Yvonne Prinzessin von Hessen herzlich für den mir zur Verfügung gestellten schriftlichen Nachlass bedanken. Über Vermittlung von Klaus Heitzmann kam ich zum jungen Geschichtestudenten Christian Blinzer aus Tamsweg, der daraufhin das Leben und Wirken der Gräfin zum Thema seiner Diplomarbeit machte. Ihm gilt mein besonderer Dank, denn erst durch seine fundierte wissenschaftliche Bearbeitung des Themas ist die Grundlage für dieses Vorhaben geschaffen worden.

Damit war aber auch der entscheidende Punkt erreicht, uns an das Ausstellungsprojekt zu wagen. Mein Nachfolger als Bürgermeister, Franz Winkler, hat seitens der Gemeinde den Willen bekundet, diese Ausstellung für die Jahre 2007 und 2008 mitzuplanen. Frau Landeshauptfrau Gabi Burgstaller als Repräsentantin des Landes und Frau Doraja Eberle als für Volkskultur und Gemeindeentwicklung ressortzuständige Landesrätin haben uns sehr unterstützt. Ich bedanke mich recht herzlich dafür. Nach zwei Jahren intensiver Arbeit ist die Ausstellung nun fertig. Zwei Ausstellungsorte gilt es zu besuchen: einerseits die Burg Finstergrün und andererseits den Jagglerhof. Den Verantwortlichen der Burg, allen voran Friedl Cevela, sei ebenso der Dank ausgesprochen wie dem Besitzer des Jagglerhofes Leo Kocher. Beide haben sich von der ersten Minute an in dieses Projekt eingebracht und dieses mitentwickelt.

Die „Ramingsteiner Wege" sind zu einem Synonym für eine neue Perspektive der Dorf- und Regionsentwicklung geworden. Weg und Ziel selbst zu bestimmen und nicht zu warten, bis jemand kommt, um zu helfen, ist der Grundpfeiler unserer Überlegung. Über die Dunkelheit zu klagen, hilft niemandem. Mit der Begeisterung werden neue Chancen wahrgenommen. Das ist wie beim Bergwandern, das mitunter zwar anstrengend ist, plötzlich aber einen neuen Blick in die Weite zulässt und neue Horizonte sichtbar werden lässt.

Mit dem Wort von Antoine de Saint-Exupéry möchte ich schließen: „Wenn Du ein Schiff bauen willst, so trommle nicht Menschen zusammen, um Holz zu beschaffen, Werkzeuge vorzubereiten, Aufgaben zu vergeben und die Arbeit einzuteilen, sondern lehre die Menschen die Sehnsucht nach dem weiten endlosen Meer." Wenn es uns gelingt, das zu vermitteln, sind wir auf dem richtigen Weg.

Literaturhinweise

BLINZER Christian, Das caritative, soziale, religiöse und politische Wirken von Margit Gräfin Szápáry (1871–1943), Diplomarbeit Graz (in Vorbereitung).
WATTECK Nora, „Gräfin Margit Szápáry: Ein Lebensbild", in *Mitteilungen der Gesellschaft für Salzburger Landeskunde* 119 (1979), 261–279.

Zwischen Tradition und Fortschritt: Der Lungau 1900–1945

Gerald Hirtner

Mit der Bahn in den Lungau

Die meisten Topographen des 18. und 19. Jahrhunderts bereisten den Lungau von Norden kommend. Die Bergszenerie, die sich nach Überwindung der Radstädter Tauern auftat, hat wohl keinen von ihnen unbeeindruckt gelassen. Die Route über den Tauernpass sollte ihre Wichtigkeit auch später beibehalten; aber bedeutende regionalgeschichtliche Ereignisse des 20. Jahrhunderts nahmen von Osten kommend ihren Ausgang. 1894 sollte die Murtalbahn das erste Mal – von der Steiermark kommend – durch den Lungau dampfen und in Mauterndorf ihre Endstation finden. Rund vierzig Jahre später kam Hermann Göring zu einem triumphalen Empfang durch das Murtal nach Mauterndorf. Nur wenige Jahre danach flüchteten tausende Zivilistinnen und Zivilisten vor der aus Osten anrückenden sowjetischen Armee, Reste der Wehrmacht zogen sich zurück und landeten schließlich im Lungau. Der Bau der Murtalbahnstrecke und das Ende des Zweiten Weltkrieges sind zwei markante Eckpunkte für eine turbulente Zeit, in der sich der Lungau und seine Bewohner/innen grundlegend wandelten. In diese Zeit fällt auch das Wirken von Margit Gräfin Szápáry im Lungau. Im Folgenden werden ausgewählte Aspekte der Lungauer Geschichte von 1900 bis 1945 angesprochen.

Abb. 2 Haltestelle „St. Andrae – Wölting" an der Murtalbahn (vor 1914)

Die bereits erwähnte **Murtalbahn** wurde 1894 in Betrieb genommen. Erste Pläne für den Bau einer Tauernbahn waren bereits in den 1880er Jahren erstellt worden. Der Beschluss zum Bau der Strecke Unzmarkt-Mauterndorf durch die steirischen Landesbahnen fiel 1892 im Steirischen Landtag, nachdem man die Finanzierbarkeit sichergestellt hatte. Auch private Geldgeber wie das Fürstenhaus Schwarzenberg beteiligten sich an der Finanzierung. Der Bau der Strecke wurde 1893 in Angriff genommen, in demselben Jahr, in dem übrigens ein verheerender Großbrand Tamsweg heimsuchte. Nach einer sehr kurzen Bauzeit wurde die 76 Kilometer lange Strecke im Oktober 1894 fertig gestellt. Die Gütertransporte erreichten 1913 mit über 120.000 Tonnen einen ersten und 1929 mit 140.000 Tonnen einen absoluten Höhepunkt. Im Ersten Weltkrieg wurden die Lokomotiven der Murtalbahn für militärische Zwecke in Istrien und Bosnien eingesetzt. Auch nach dem Krieg konnte die Strecke nicht voll genutzt werden, da zu wenig Kohle zur Feuerung vorhanden war. Anpassungen an technische Entwicklungen – in den 1930er Jahren wurden Schienenautobusse eingesetzt – brachten wieder einen Aufschwung. Von der neuen Bahnstrecke profitierten der schwach ausgeprägte Fremdenverkehr und die **Wirtschaft**, vor allem die Holzindustrie, der sich nun weitere Absatzmärkte öffneten. Die Holzindustrie hatte im Lungau einen starken Stand, denn zur Zeit der Monarchie waren allein in den Sägewerken und Holzschleifereien rund 500 Arbeitnehmer beschäftigt. Der Eisenbergbau und die Eisen verarbeitenden Betriebe waren allerdings im 19. Jahrhundert zugrunde gegangen, noch bevor der Lungau durch die Murtalbahn erschlossen worden war. Auch der Giftbergbau in Rotgülden wurde im 19. Jahrhundert stillgelegt. Am Beginn des 20. Jahrhunderts hatten nur noch die Pappefabrik in St. Andrä und die Ramingsteiner Papierfabrik, die ihre Produkte bis nach China exportierte, eine Bedeutung. Obwohl Salzburg einen deutlichen Anstieg des Fremdenverkehrs um die Jahrhundertwende verzeichnete, konnte der Lungau in diesem Bereich mit anderen Landesteilen nicht mithalten. Die Zahl der reinen Fremdenbeherbergungsbetriebe blieb unter dem Landesdurchschnitt. Nur Mariapfarr konnte sich als bedeutenderer Sommerfrischeort etablieren. Das genossenschaftliche Kreditwesen war vor dem Ersten Weltkrieg durch zehn Standorte der Raiffeisenkasse abgedeckt, in Tamsweg gab es auch eine Sparkasse.

1908 bekam der Lungau seine erste Regionalzeitung. Die **Tauernpost** wurde wöchentlich in Tamsweg vom Buchdrucker Josef Salesy für den Lungau und die steirischen Bezirke im oberen Murtal herausgegeben. Salesy stammte ursprünglich aus Wien und fühlte sich in der neuen Umgebung bald heimisch. Damals hatte das ganze Obere Murtal kein eigenes Regionalblatt; Salesy ließ sich daher nicht zweimal bitten. Innerhalb kurzer Zeit erreichte die *Tauernpost* eine Auflagenstärke von 500 Stück. Auch wenn die ersten Seiten einer jeden Ausgabe nationale und internationale Themen behandelten, so war die Ortsberichterstattung besonders wichtig, nämlich: „alle Begebenheiten im engeren Heimatgebiet getreulich zu verzeichnen, Wünsche und Beschwerden an die Oeffentlichkeit zu bringen". Obwohl die ideologische Unabhängigkeit des Blattes betont wurde, war die Blattlinie eindeutig deutschnational, auch antisemitische Beiträge waren nicht selten. 1924 wurde die *Tauernpost* vom christlichsozialen Styria-Verlag übernommen. Hermann Wimler, der die Zeitung weiterführte, war jedoch allgemein als Nationalsozialist bekannt. Bis Jänner 1939 hatte das Blatt Bestand, dann endete das Erscheinen abrupt. Die *Tauernpost* ist heute eine der ergiebigsten Quellen für die Geschichte des Lungaues. 1911 wurde die erste öffentliche Telefonverbindung in den Lungau eröffnet. Für die Abwicklung des Zugverkehrs auf der Murtalstrecke hatte es allerdings schon 1894 Telefonleitungen gegeben.

Zu den **karitativen Einrichtungen**, die Ende des 19. Jahrhunderts geschaffen wurden, zählten der Unterstützungsverein für Dienstboten ebenso wie Vereine für den Kinderschutz und die Einrichtungen der Halleiner Schulschwestern. Das Tamsweger Krankenhaus wurde 1908 errichtet. Dabei war diese Art der medizinischen Versorgung etwas Besonderes; immerhin existierte landesweit außerhalb der Stadt Salzburg nur noch ein Spital in St. Johann im Pongau.

Auch die **Politik** wandelte sich um die Jahrhundertwende merklich. Nach einer schrittweisen Ausweitung des Wahlrechts war 1907 das allgemeine Männerwahlrecht eingeführt worden. In den Lungauer Märkten dominierte zu dieser Zeit die sogenannte Mittelpartei, die zwischen den Konservativen und den Liberalen stand. Die Landgemeinden wählten hingegen geschlossen konservativ bzw. christlichsozial. Einzig die Sozialdemokratie hatte einen ganz schwachen Stand im Lungau: Für die Parteizeitung *Salzburger Wacht* gab es – ganz anders als in anderen Landesteilen – so gut wie keine Abonnentinnen und Abonnenten. Auch in der Zeit der Ersten Republik änderte sich dies nicht wesentlich; Unterstützung für die Sozialdemokratie gab es nur in Tweng und in Ramingstein (Papierfabrik). Die Deutschnationalen, die vor allem im Kleinbürgertum Anhänger/innen fanden, nutzten unter anderem die Turnvereine – die in den

Märkten bestanden – für ihre politische Arbeit. Antisemitismus und Nationalitätenkampf nahmen am Ende der Monarchie beständig zu. Gegen die Sprachenverordnung von 1897 erhob sich die sogenannte Novemberrevolution, die auch die kleineren Orte in Salzburg erfasste. Dahingegen war die Zeit vor dem Ersten Weltkrieg auch von einem starken Patriotismus geprägt, der in der allgemeinen Kriegsbegeisterung von 1914 seinen absoluten Höhepunkt fand.

Internationale Krisen hatte es zu Beginn des 20. Jahrhunderts mehrere gegeben und man spekulierte über Jahre hinweg mit Krieg. Im Sommer 1914 überschlugen sich schließlich die Ereignisse. Nach dem Attentat in Sarajewo auf den österreichisch-ungarischen Erzherzog Franz Ferdinand stellte die Monarchie Serbien ein Ultimatum. Nach dessen Ende erklärte Österreich-Ungarn am 28. Juli 1914 Serbien den Krieg, worauf in der Folge der gesamte Bündnismechanismus in Gang gesetzt wurde; Kriegserklärung folgte auf Kriegserklärung und ganz Europa versank in einer allgemeinen Kriegsbegeisterung. Sogar die sozialdemokratische Presse, die bis zuletzt vor einem Krieg gewarnt hatte, stimmte mit Ausbruch des Krieges in das allgemeine Kriegsgeheul mit ein.

„Wird es der letzte Monat des Krieges sein?"

Ungewissheit und Angst liegen in dieser Frage, die sich Ende 1914 nicht nur ein Redakteur der *Tauernpost*, sondern wohl fast jede/r in Europa stellte. Die Soldaten waren im Sommer mit der Gewissheit ausgezogen, den Feind in wenigen Wochen niederzuwerfen und zu Weihnachten den errungenen Sieg zuhause feiern zu können. Stattdessen saßen viele Väter, Brüder, Söhne zu Weihnachten in den Schützengräben. Der Krieg war vielerorts zum Stellungskrieg erstarrt, wo um jeden Quadratmeter gekämpft wurde. Die scheinbare Gewissheit war der Ungewissheit gewichen und bereits 1914 wurde das Ende des grausamen Krieges herbeigesehnt. Wie konnte es also kommen, dass der Erste Weltkrieg mehr als vier Jahre dauerte? Wie konnte die Bevölkerung trotz drastischer Produktionsrückgänge und der damit verbundenen Rationierungen durchhalten?

Abb. 3 Zensur der *Tauern-Post* (1918). Die linke Spalte wurde zensiert.

Die unermüdliche **Propaganda** war ein entscheidender Mitgrund, warum die von Leid geplagten Menschen so lange durchhielten. Somit ist das Wissen über die Propagandamittel, die auf Plakaten, Postkarten, in Zeitungen etc. zum Einsatz kamen, entscheidend für das Verständnis des Ersten Weltkrieges. Einige prägnante Beispiele aus der *Tauernpost* sollen dies verdeutlichen. Ziel der Propaganda war an erster Stelle, die von außen eindringende Propaganda der feindlichen Mächte unschädlich zu machen. 1915 wetterte die *Tauernpost* gegen den „Lügenfeldzug der Feinde" und „wie großartig der Lügendreiklang der Engländer, Franzosen und Russen in allen Weltteilen ertönte". Besonders die britische Propaganda, die sich als recht wirksam herausstellte, war gefürchtet. Gelegentlich gab es aber auch Seitenhiebe nach den heimischen Biertischen, an denen heftig politisiert wurde. Im März 1915 wurden die „Biertischpolitiker" folgendermaßen zurechtgewiesen:

> Seine Ansichten und Meinungen soll ja jeder unter sich sagen können. Aber, da gibt es verschiedene gefährliche Arten solcher Politiker. Die gefährlichsten sind die Angstmaier und die Alleswisser. Der Angstmaier sieht alles in den dunkelsten Farben und ächzt und stöhnt und jammert und beeinflusst so die ihm Zuhörenden in seiner Weise. Der Alleswisser ist womöglich noch gefährlicher. Aus seinen „geheimen, bestimmten, zuverlässigen" Quellen schöpft er die tollsten Berichte. Die unsinnigsten Gerüchte flattern von ihm weg. […] In den vergangenen Wochen hatte der Alleswisser wieder seine Blütezeit. Nicht nur Kriegsnachrichten waren es, politische Verwicklungen waren sein Steckenpferd. Von Italien wusste er, dass es stündlich „ernst" werden konnte, von Griechenland und Rumänien ähnliches.

Im Mai 1915 erklärte Italien Österreich-Ungarn schließlich den Krieg. Rumänien trat 1916 in den Krieg gegen die Mittelmächte ein, Griechenland folgte 1917. Die eigene Propaganda sollte nicht nur die feindliche Propaganda und Gerüchte unwirksam machen. Sie sollte vor allem die Bevölkerung anspornen. Zu diesem Zweck wurden rhetorische Mittel massiv eingesetzt. Beispielsweise wurden Begriffe, die Emotionen hervorriefen, besonders oft verwendet. Die häufige Verwendung des Wortes „wir" sollte Zusammengehörigkeit vermitteln und Stärke suggerieren. Die unentwegte Verwendung des Futurs sollte das Vertrösten auf die Zukunft erleichtern. Eine Reihe stilistischer Mittel kam zum Einsatz, um den Leserinnen und Lesern die kriegstreiberischen Ziele förmlich einzutrichtern. Die Wiederholung von Inhalten sollte Kernaussagen besonders nachdrücklich vermitteln. Bereits 1915 wurden erste Durchhalteparolen ausgegeben, die bis zum Ende des Krieges beständig zunahmen. Allerdings konnte die Propaganda nicht ganz rücksichtslos agieren. Die *Tauernpost* musste als private Zeitung natürlich auf die Stimmung in der Bevölkerung Rücksicht nehmen. Das verlangte bisweilen auch nach Zugeständnissen, was den propagandistischen Gehalt jedoch nicht schmälerte. Der Einfluss auf die Leser/innen war enorm, worüber sich diese kaum bewusst gewesen sein dürften:

> Darum sagen wir auch, der Sieg wird uns den Frieden bringen. Wir wollen alle auch an den endlichen Sieg unserer Sache glauben. Dieser Glaube sei es, der uns ins neue Jahr hinein begleite. Das Vertrauen, dass unser Kampf, der ein gerechter, ein heiliger Kampf ist, so enden wird, dass wir neu geeinigt und stark dastehen werden. Das Vertrauen zu unserer Armee, zu unseren tapferen Soldaten soll in uns sein. Wenn aber erst in allen Orten die Friedensglocken läuten werden, wird uns die läuternde Kraft des Krieges bewusst werden. Die große Reinigung wird uns erst dann so recht vor Augen treten. Fühlen wir uns doch schon jetzt als ein

einziges Volk, das gemeinsam das Schwere trägt. Sind wir doch jeder anders geworden, ernster, fester, zielbewusster – oder auch milder, versöhnender, bescheidener.

Und dann werden wir ein jeder fühlen, dass wir nicht untergehen, nicht besiegt werden können, dass unser vielmehr ein großes, freies und neues Auferstehen harrt.

Die Sprache, der sich die Schreiber der Propagandatexte bedienten, war gar nicht dazu gedacht, zum Denken anzuregen. Es ging nicht darum, durch Argumente von der Sinnhaftigkeit des Krieges zu überzeugen. Vielmehr sollten die Emotionen der Lesenden gelenkt und deren Meinung beeinflusst werden. (Natürlich zielte die Propaganda auch darauf ab, die Menschen dazu zu bewegen, etwas zum Krieg beizutragen – „Gold gab ich für Eisen".) Die Emotionen waren vielfach vorhanden, schließlich gab es kaum jemanden, der/die nicht direkt oder indirekt vom Kriegsgeschehen betroffen war. Von daher rührt aber auch die Anfälligkeit für Denkmuster, die ganz und gar nicht logisch sind: „Und der halbe Sieg ist uns schon gegeben durch etwas, was allen unseren Feinden und vor allem wieder Italien am meisten fremd ist: die herrliche Einigkeit unserer Völker!" Der Vielvölkerstaat soll demnach prädestiniert gewesen sein zu siegen. Und als Draufgabe noch dieses: „Wir werden noch immer zu siegen wissen aus dem einfachen Grunde, weil wir siegen müssen!" Letztendlich blieb der Sieg aus, Millionen Menschen waren von den Gräueln des Krieges gezeichnet. Der Erste Weltkrieg, der allein im militärischen Bereich acht Millionen Todesopfer forderte, brachte letztendlich auch den Zerfall der Habsburgermonarchie.

Als der Lungau steirisch werden sollte

Was schließlich übrig blieb, war das Gebiet des heutigen Österreich, an dessen eigenstaatlichem Überleben anfangs niemand so recht glauben wollte. Unmittelbar nach dem Weltkrieg wurde die Forderung nach einem Anschluss Österreichs an Deutschland deshalb besonders laut gestellt. Zudem litt der junge Staat unter der großen wirtschaftlichen Krise und sollte sich davon lange nicht erholen. Und schließlich wirkte auch die Kriegspropaganda weiter: Verherrlichung des Deutschtums und des Krieges, Revanchegedanken, anti-intellektuelles Klima und starker **Antisemitismus**. Im Antisemitenbund, der in Tamsweg und St. Michael 1925 zwei neue Ortsgruppen gründete, waren sowohl spätere Nationalsozialisten als auch Christlichsoziale vertreten. Allerdings hatten die Antisemiten im Lungau nicht lange Bestand. Politisch war der Verein, dessen Hauptaktivität es scheinbar war, jüdische Mitbürger/innen von ihrer Sommerfrische im Lungau abzuhalten, unbedeutend. Letztlich verstärkte der Antisemitenbund aber die Akzeptanz einer judenfeindlichen Haltung in der Bevölkerung und ebnete somit dem Nationalsozialismus den Weg ein Stück.

Die Zeit der Ersten Republik war zudem von einem starken **Lagerdenken** geprägt. Der Kampf zwischen Rot und Schwarz sollte in Österreich 1934 im Bürgerkrieg seinen Höhepunkt erreichen. In Salzburg hingegen hatte sich eine Konsensdemokratie zwischen Christlichsozialer und Sozialdemokratischer Partei herausgebildet. Zu danken war dies Landeshauptmann Franz Rehrl und seinem Stellvertreter Robert Preußler. Mit dem Konsensklima waren jedoch nicht alle einverstanden; Zwischenrufe kamen etwa von den (in Salzburg schwach entwickelten) Wehrverbänden und den Nationalsozialisten. Der Verbleib des Lungaus im Salzburger Landesverband war in dieser Zeit gar nicht so sicher; 1918 gab es nämlich Überlegungen, das Gebiet ‚hinterm Tauern' gegen ein Stück des Ennstales an die Steiermark abzutreten. 1938 wollte man abermals den Lungau von Salzburg trennen, was eine Lungauer Delegation bei den braunen Machthabern in Berlin verhindern konnte.

Bei all den Neuerungen in der Zeit der Ersten Republik – seit 1918/19 waren auch die Frauen wahlberechtigt – blieben hingegen die **traditionellen Gesellschaftsstrukturen** in den ländlichen Gebieten weitgehend erhalten. Der Historiker Peter Klammer hat dies anhand persönlicher Erinnerungen ehemaliger Lungauer Dienstbotinnen und Dienstboten anschaulich dargestellt: Ihre Kinder wurden oft angestiftet, eine Heirat war von den finanziellen Umständen abhängig. Die Arbeit war hart und die Kost – als Bestandteil des „Lohns" – meist eintönig. In dieser nach wie vor traditionellen Gesellschaft nahm nach und nach der Fortschritt seinen Platz ein. Mit der nationalsozialistischen Machtergreifung 1938 setzte schließlich eine starke Abwanderung von Landarbeiterinnen und Landarbeitern ein.

In der Zwischenkriegszeit wurde die **Modernisierung** der Verkehrsinfrastruktur in Angriff genommen. Seit 1921 fuhr im Sommer täglich ein Postautobus über den Radstädter Tauern Richtung Salzburg. Die Landeshauptstadt wurde damit in sieben Stunden Fahrt erreichbar. Im Winter fuhren täglich Schlitten über den Tauernpass, 1931 wurde erstmals ein Raupenschlepper eingesetzt. Das erste Schneeräumgerät kam 1938 zum Einsatz. Neue Impulse wurden auch im **Alpinismus** gesetzt. Das Wanderwegenetz wurde erweitert, Gipfelbücher aufgelegt. Ein Buch mit dem Titel „Von Hütte zu Hütte" weist auf einen neuen Trend hin, wonach Bergsteigen nicht mehr ausschließlich aus dem Erklimmen von Berggipfeln bestand. Ebenso fand das Schitourengehen große Beliebtheit. Die ersten Schikurse wurden 1910 in Tamsweg abgehalten. Bereits 1930 war der Wintersportort Obertauern regelmäßig „überlaufen" und der Preber wurde als Geheimtipp unter Tourengeherinnen und -gehern gehandelt.

„Hinein in die vaterländische Front!"

Im Lungau beging man im Oktober 1933 das 500-jährige Jubiläum der Wallfahrtskirche St. Leonhard. Zur 500-Jahr-Feier war auch **Bundeskanzler Dollfuß** eingeladen. Dieser musste sein Kommen jedoch kurzfristig absagen, wie ein Telegramm vom 16. Oktober 1933 zeigt: „Leider verhindert an morgiger Fünfhundertjahrfeier der St. Leonhardskirche teilzunehmen sende ich auf diesem Wege allen Teilnehmern die herzlichsten Grüße Bundeskanzler Dollfuß". Engelbert Dollfuß hatte in der Tat Wichtigeres zu tun: Die Nationalsozialisten terrorisierten seit Monaten mit Anschlägen das Land. Österreich war nach der ‚Selbstausschaltung' des Parlaments und der Gründung der Vaterländischen Front am Weg zur Diktatur. Die Feier in Tamsweg ging auch ohne Bundeskanzler Dollfuß vonstatten. Eine eigene Festschrift wurde herausgegeben, um das historische Ereignis hochleben zu lassen. Dabei hatte man im doch so geschichtsbewussten Lungau noch wenige Monate zuvor ernsthaft überlegt, einen der größten Kunstschätze Salzburgs – das Goldfenster von St. Leonhard – zu veräußern.

Abb. 4 Erinnerungstafel an Engelbert Dollfuß in Mariapfarr (1934)

Dieser Umstand lässt sich aus der tristen wirtschaftlichen Lage heraus erklären. Die **Weltwirtschaftskrise** hatte 1929 von den USA ausgehend auch Europa erfasst. Sie brachte mit sich, dass die Zahl der Arbeitslosen – vor allem der Langzeitarbeitslosen – sehr hoch lag. Die Vieh- und Holzpreise sanken in den 1930er Jahren „ins Bodenlose", was den Lungau besonders hart traf. Die Tausend-Mark-Sperre, die Hitler in Deutschland erlassen hatte, führte ab 1933 zu großen Einbußen für die Salzburger Fremdenverkehrswirtschaft. Es gab aber auch Nutznießer der allgemeinen ökonomischen Krise. Politische Bewegungen wie Heimwehr und Nationalsozialisten verzeichneten einen regen Zulauf. Die Heimwehr war im Unterlungau stärker repräsentiert; 1930 fanden sich 800 Teilnehmer zu einem Heimwehrtreffen in Tamsweg ein. Ab 1931 begann die Agitation der **Nationalsozialisten** im Lungau. Wöchentliche Parteiveranstaltungen wurden gehalten, zu denen man auswärtige Redner einlud. Bereits nach einem Jahr hatte sich die Bewegung so weit gefestigt, dass nun auch Einheimische zu „missionieren" begannen. Der Wahlsieg, den die Nationalsozialisten 1932 bei den Landtagswahlen errangen, erschütterte die Politik wie ein Erdbeben: von nicht einmal einem Prozent auf über 22 Prozent im Lungau. In den Gemeinden Tweng, St. Michael Land und Weißpriach hatten sie gar die absolute Mehrheit errungen. Die Nationalsozialisten, die auf weite Kreise der Bevölkerung eine unheimliche Anziehungskraft ausstrahlten, wurden zu einer Bedrohung für den österreichischen Staat.

Die Maßnahmen, die Bundeskanzler Dollfuß 1933 zur Errichtung des „christlich-autoritären **Ständestaates**" ergriff, richteten sich auch gegen die Sozialdemokratie: Ausschaltung des Parlaments, Auflösung des Republikanischen Schutzbundes, Zensur der Presse, Verhaftungen und Verbot von öffentlichen Versammlungen. Im Juni 1933 wurde schließlich die NSDAP verboten, was eine Terrorwelle auslöste, die auch im Lungau – weniger stark, aber doch – zu spüren war: Hissen von Hakenkreuzfahnen, Abbrennen von Höhenfeuern, Schmieraktionen und schließlich ein missglückter Putschversuch. 1934 bekam Österreich eine ständestaatliche Verfassung. Das autoritäre und antidemokratische Regime hatte mit der parlamentarischen Demokratie endgültig gebrochen. Die Justiz wurde gleichgeschaltet und die Rechtssicherheit damit aufgehoben. Immer wieder lassen sich Parallelen mit anderen europäischen faschistischen Staaten ziehen. Massenmobilisierung, Militarisierung (sogar an den Schulen gab es vormilitärische Übungen!), politische Umerziehung, Gleichschaltung von Schulen, Kultur und Presse sind nur einige dieser Parallelen. Feiern, Appelle und Aufmärsche hatten klar italienische und deutsche Vorbilder. Die Vaterländische Front, eine 1933 gegründete politische Monopolorganisation, die öffentlich Bedienstete zur Mitgliedschaft verpflichtete, war nach dem Führerprinzip aufgebaut. Sie konnte zwar hohe Mitgliederzahlen aufweisen, doch kaum Überzeugungsarbeit leisten. Allgemein kam aus der Bevölkerung nur mangelhaft Unterstützung für die neue Ideologie. Das Österreich-Bewusstsein, welches man der Bevölkerung einimpfen wollte, wirkte weit weniger als das braune Gedankengut. Am Ende war das Regime von den Nationalsozialisten unterwandert; gerade unter den Staatsdienern fanden sich viele „Illegale".

„Kanonen statt Butter"

Am 12. März um 5.30 Uhr begann die Wehrmacht den **Einmarsch in Österreich** und wurde von tausenden Menschen unter frenetischem Jubel begrüßt. Sofort wurde damit begonnen, die Vertreter des alten Regimes zu verhaften. Auch in den Schulen fanden die Nationalsozialisten ein weites Betätigungsfeld. Innerhalb kürzester Zeit wurden Schulleiterposten neu besetzt und missliebige Lehrpersonen entweder versetzt oder zur Wehrmacht einberufen. Alle Lehrer/innen sollten von der Ideologie durchdrungen sein und den Glauben an das Deutsche Reich und seinen Führer der neuen Generation einpflanzen. Dazu brauchte man überzeugte und verlässliche Lehrkräfte, die notfalls auch ‚umerzogen' wurden. Hingegen verlangten all jene, die sich vor dem ‚**Anschluss**' an illegalen nationalsozialistischen Aktivitäten beteiligt hatten, nun nach einer „Wiedergutmachung". Von über 2.000 Personen in Salzburg wurden Forderungen in der Höhe von 5 Millionen Reichsmark gestellt, allerdings bekam Salzburg nur 0,9 Millionen Reichsmark zur Wiedergutmachung zugesprochen. Im Lungau wurde Dr. Otto Menz, der seit Jahren das Haupt der Nationalsozialisten im Lungau gewesen war, zum Gauleiter ernannt. Nach der Gleichschaltung wurde schließlich am 10. April eine ‚Volksabstimmung' für den bereits vollzogenen Anschluss Österreichs abgehalten. Es war jedoch keine freie Wahl und die Bürger/innen standen daher unter Druck. Die überwältigende Mehrheit in Österreich stimmte für den Anschluss, wahrhaft überwältigend war jedoch das Ergebnis im Lungau. Es gab wohl kaum eine andere Region mit derart hoher Zustimmung. Kaum jemand blieb hier der Abstimmung fern und Nein-Stimmen gab es fast keine. Bis auf Tamsweg hatten alle Lungauer Gemeinden zu 100 Prozent mit „Ja" gestimmt. (Im Vergleich dazu war dies im Pongau und im Pinzgau nur bei etwa einem Drittel bzw. einem Fünftel der Gemeinden der Fall gewesen.) Doch nicht nur die Bevölkerung, auch die Kirche gab ihre Zustimmung zum Anschluss. Der Historiker Ernst Hanisch schreibt hierüber: „In den Glocken ertönte die Stimme der Zentralgewalt; es war die Sprache des Befehls und gleichzeitig ein deutliches symbolisches Zeichen der Zustimmung der Kirche zum ‚Anschluss'. Das Schweigen der Glocken wäre eine mächtige Waffe in der Hand des Klerus gewesen."

Für das überdeutliche Ergebnis im Lungau waren der Kult um **Hermann Göring** und dessen Versprechen mitentscheidend. Am 31. März 1938 hatte er der Lungauer Bevölkerung in Aussicht gestellt, die Murtalbahn würde nach Radstadt erweitert werden. Zudem wurde allen Gemeinden, die mit 100 Prozent für den Anschluss stimmen würden, eine Ehrenurkunde versprochen. Wer aber war dieser Hermann Göring, der im Lungau so breite Unterstützung fand? Wer war jener Mann, der im Übrigen Gräfin Margit Szápáry wegen Kreditschulden in Bedrängnis brachte?

Hermann Göring wurde 1893 als Sohn eines deutschen Kolonialbeamten in Rosenheim geboren. Die ersten drei Lebensjahre verbrachte er bei einer Pflegemutter. Nach der Rückkehr der Eltern aus den Kolonien lebte die Familie Göring beim Arzt Hermann Ritter von Epenstein, dem Paten aller fünf Kinder. Manche Sommer verbrachten die Görings auf Burg Mauterndorf, die Hermann von Epenstein restaurieren hatte lassen. Zu Beginn des Ersten Weltkrieges zog der nunmehr junge Leutnant Hermann Göring ins Feld, begann eine Fliegerausbildung und wurde zweimal ver-

Abb. 5 Hermann Göring bei der Durchfahrt von Ramingstein (1938)

wundet. Den Genesungsurlaub verbrachte er überwiegend in Mauterndorf. Die Zeit nach dem Ersten Weltkrieg verbrachte er zwischen Italien und Schweden, bis er 1922 das erste Mal Adolf Hitler reden hörte. Als Führer der SA nahm er 1923 am Putsch Hitlers in München teil, bei dem er schwer verwundet wurde. Später machte er Hitler salonfähig, indem er ihn in die ‚bessere Gesellschaft' einführte. Nach der Machtübernahme 1933 bekleidete er mehrere Ministerämter und war an der Auflösung der Demokratie in Deutschland maßgeblich beteiligt. Jener Mann, der die Parole „Kanonen statt Butter" ausgegeben hatte, lebte selbst wie ein Kaiser. Seine Prunksucht trug ihm sogar das Gespött der Parteigenossen ein. Als „zweiter Mann" im Staat zog er die Fäden und lenkte sowohl politische als auch militärische Unternehmungen des „Dritten Reiches". Im Klartext heißt das: Er baute die gefürchtete Gestapo auf, war führend an der „Liquidierung" der SA-Führung 1934 beteiligt und war auch die treibende Kraft für den Einmarsch in Österreich. Auch der Befehl zur staatlichen Arisierung, der Enteignung der Juden, stammt von ihm. Ein Befehl Görings vom 31. Juli 1941 bezeugt zudem, dass er die Ermordung der europäischen Juden vorbereiten ließ. Verfolgt wurden in der NS-Zeit aber nicht nur Juden, sondern jegliches Leben, das nach nationalsozialistischer Ideologie als „lebensunwert" galt. Der Internationale Militärgerichtshof in Nürnberg befand Hermann Göring 1946 in allen Punkten der Anklage für schuldig. Der zum Tode Verurteilte nahm sich schließlich vor der Hinrichtung in seiner Haftzelle das Leben. Die Ehrenbürgerschaft der Marktgemeinde Mauterndorf wurde ihm bis heute nicht formell aberkannt.

Unter dem Regime litten nicht nur jene, die aus politischen oder rassischen Gründen verfolgt wurden, sondern auch all jene, die zu **Zwangsarbeit** eingesetzt wurden. Auch im Lungau wurden hunderte dieser Arbeitskräfte, die vorwiegend aus Osteuropa stammten, eingesetzt. Sie arbeiteten bei der Wildbachverbauung ebenso wie bei Forstarbeiten, im Straßenbau und vor allem in der Landwirtschaft. Zwangsarbeiter, die bei landwirtschaftlichen Betrieben eingesetzt wurden, waren oft etwas besser gestellt. Dennoch kam es auch hier zu menschenunwürdigen Szenen. Eine Polin, die im Herbst 1940 am Tamsweger Marktplatz (damals Adolf-Hitler-Platz) zugewiesen wurde, berichtet über das Ereignis, das an einen Sklavenmarkt erinnert: „Wir standen am Marktplatz, während die Leute uns begutachteten. Ein Bauer und seine Frau deuteten auf mich und mir wurde befohlen mit ihnen mitzugehen."

Widerstand gegen das NS-Regime kam von verschiedenen Seiten. Im Lungau ging dieser Widerstand vor allem von der katholischen Kirche aus, wie Ignaz Steinwender in seinem Buch „Geschichte einer Verführung" dargestellt hat. Die Arten des Widerstandes im Lungau waren vielfältig und reichten von Kirchentreue, „Heimtücke", Wehrkraftzersetzung, über das Abhören von ausländischen Sendern bis hin zur humanen Behandlung von Zwangsarbeitern. Die Bauernschaft, die zu einem großen Teil den kirchlichen Widerstand unterstützte, ärgerte besonders der **Kirchenkampf** der Nationalsozialisten. Beispielsweise behinderten oder störten diese mutwillig kirchliche Prozessionen, ließen in den Schulen die Kreuze aus den Klassenräumen entfernen, schränkten den Religionsunterricht ein und entließen geistliche Lehrpersonen. Etwa zeitgleich mit der militärischen Wende im Ostfeldzug trat auch die „seelsorgliche Wende" ein. Die Zahl der Gottesdienstbesucher/innen nahm wieder zu.

Das Ende des Krieges nahte allmählich und Hermann Göring verbrachte die letzten Tage des Zweiten Weltkrieges auf Burg Mauterndorf. Um sich mit den Amerikanern in Verbindung zu setzen, ließ er sich über den verschneiten Tauernpass fahren. In Radstadt wurde er von amerikanischen Truppen gefangen genommen. Zur selben Zeit fluteten tausende Soldaten der deutschen Wehrmacht in und durch den Lungau.

Quellen
Tauern-Post – Illustriertes Wochenblatt für das Tauern-Gebiet und das obere Murtal, Jg. 1914–1916.
Marktarchiv Tamsweg, II 63.
Mündliche Mitteilungen von Mag. Klaus Heitzmann.

Literaturhinweise
DOHLE Oskar / SLUPETZKY Nicole, Arbeiter für den Endsieg: Zwangsarbeit im Reichsgau Salzburg 1939–1945, Wien 2004.
DOPSCH Heinz / SPATZENEGGER Hans (Hgg.), Geschichte Salzburgs (Bd. II/2), Salzburg 1991.
EMESSEN Theodor Richard (Bearb.), Aus Görings Schreibtisch: Ein Dokumentenfund, Berlin 1990.
HANISCH Ernst, „Mauterndorf und Hermann Göring: Eine zeitgeschichtliche Korrektur", in *Salzburger Jahrbuch für Politik* 1 (1989), 95-98.

HANISCH Ernst, Gau der guten Nerven: Die nationalsozialistische Herrschaft in Salzburg 1938–1945, Salzburg 1997.

HEITZMANN Anton / HEITZMANN Josefine, Leben im Lungau: Alte Fotografien erzählen, Tamsweg 2004.

HEITZMANN Klaus, Die Wiesen wurden buchstäblich kahlgefressen: Kriegs- und frühe Nachkriegsgeschichte im Lungau, Salzburg 1999.

HIRTNER Gerald, Propaganda Innergebirg: Die Rhetorik der Propaganda im Ersten Weltkrieg anhand der Regionalzeitung „Tauernpost", Seminararbeit Salzburg 2004.

KLAMMER Peter, Auf fremden Höfen: Anstiftkinder, Dienstboten und Einleger im Gebirge (= Damit es nicht verloren geht, Bd. 26), Wien et al. 1992.

MADERTHANER Wolfgang / MAIER Michaela (Hgg.), „Der Führer bin ich selbst": Engelbert Dollfuß – Benito Mussolini Briefwechsel, Wien 2004.

STEINWENDER Ignaz, Die Geschichte einer Verführung: Kirche und Nationalsozialismus im Salzburger Bezirk Lungau 1930–1945, Frankfurt am Main 2003.

WEISS Alfred Stefan / GIGLER Christine Maria (Hgg.), Reisen im Lungau (= Salzburg Archiv, Bd. 25), Salzburg 1998.

WUNDERLICH Dieter, Göring und Goebbels: Eine Doppelbiografie, Regensburg 2002.

Eine Welt von Gestern?
Frauenleben in der ersten Hälfte des 20. Jahrhunderts

Gabriella Hauch

An der Zeitenwende um 1900 waren die Geschlechterverhältnisse heftig in Bewegung. Rund um den Begriff „Frauenfrage" wurde darüber diskutiert, welche Rechte und Möglichkeiten Frauen in der modernen bürgerlichen Gesellschaft in einer Zeit immer rascher vor sich gehenden sozialen Wandels und ebensolcher Demokratisierungsprozesse eingeräumt werden sollten. Handlungsspielräume für Frauen und weibliche Eigenschaften wurden konstruiert, die sie auf sanfte Weiblichkeit und die Zuständigkeit für Haus und Familie festlegten. Derartige Konstruktionen reichten von der Festschreibung als „hysterisches" Geschlecht bis hin zur angeblichen Unfähigkeit von Frauen für Politik und Bildung. Auf der gesetzlichen Ebene hieß das, Frauen blieben vom Wahlrecht ausgeschlossen (1907 wurde in der Habsburgermonarchie das allgemeine Wahlrecht für Männer eingeführt), sie durften sich weder alleine noch gemeinsam mit Männern in politischen Vereinen und Parteien engagieren (§ 30 des Vereinsrechts), Mädchen konnten keine öffentlichen Gymnasien besuchen, hatten kaum Zugang zu den Universitäten der Monarchie und vor allem zu dem an einen Abschluss geknüpften Beruf. Dazu kam, dass auch im „Reich der Frauen", d. h. in Haushalt und Familie, laut § 91 des Allgemeinen Bürgerlichen Gesetzbuches von 1811 der Mann als „Haupt" definiert wurde und die Frauen zu Gehorsam verpflichtet waren.

Ein Blick in die gesellschaftliche Realität widerspricht vor allem der Vorstellung von „zarter Weiblichkeit" und einer Familienkonstellation, in welcher der Mann einer Erwerbsarbeit nachgehen würde und die Frau alleine Hausfrau wäre. Um 1900 machten Frauen 41,47 % der Erwerbstätigen in der Habsburgermonarchie aus, in der Landwirtschaft stellten sie sogar die Mehrheit. Auch, dass Frauen ihre Benachteiligung als „weibliches Geschlecht" stumm hingenommen hätten, entspricht nicht den historischen Tatsachen. Nicht nur in der Hauptstadt Wien waren Frauenversammlungen und Frauendemonstrationen gegen ihre ungleiche Behandlung keine Seltenheit mehr. Die zentralen Forderungen umfassten das Wahlrecht und das Recht auf politische Betätigung sowie den Zugang zu höherer Bildung und Universitäten, zu allen Berufen, bessere Bezahlung und die Reform des patriarchalen Familienrechts. Die Organisation in eigenen Frauenvereinen – die aufgrund der Gesetzeslage als „unpolitisch" definiert werden mussten – sollte helfen, ihre Anliegen effektiver durchzusetzen. Neben Lehrerinnen- und Telefonistinnen-Vereinen, die sich an Berufssparten orientierten, formierten sich auch Frauengruppierungen entlang der damals entstandenen politischen Weltanschauungen. Sozialdemokratinnen hatten sich erstmals 1889 in Wien in einem Arbeiterinnen-Bildungsverein zusammengeschlossen, bürgerlich-freisinnige Feministinnen 1893 im Allgemeinen Österreichischen Frauenverein und 1897 war der Wiener Christliche Frauenbund entstanden. Obwohl damals – wie heute – von „den" Frauen gesprochen und sie undifferenziert als das „weibliche" Geschlecht behandelt wurden, geht daraus deutlich hervor, dass sich Frauen auch im 19. Jahrhundert in ihrer jeweils politischen Gesinnung voneinander klar abgrenzten. Im Vielvölkerstaat der Habsburgermonarchie ist dabei immer auch die nationale Zugehörigkeit als Unterscheidungskategorie mit zu denken, denn Tschechinnen, Sloweninnen, Kroatinnen oder Rutheninnen und Ungarinnen bildeten zudem eigene Vereine entlang der Nationalitätengrenzen. Als reichsweite Organisation wurde 1903 der überparteiliche Bund Österreichischer Frauenvereine gegründet, die Sozialdemokratische Frauenorganisation folgte 1908, deren Salzburger Organisation 1910. Im Jahre 1907 riefen Angehörige des Adels die Katholische Reichsfrauenorganisation Österreich (KRFOÖ) als Dachverband katholischer Frauenorganisationen ins Leben, deren Salzburger Sektion von 1908 bis 1915 Katholischer Frauenbund für das Herzogtum Salzburg hieß. Allerdings misslang die projektierte Einbeziehung der sehr differenzierten katholischen Frauenvereinskultur, die von Anbetungsvereinen bis zu christlichsozialen Arbeiterinnenvereinen reichte.

All diesen Initiativen ging es um eine Besserstellung und Neupositionierung von Frauen in der zukünftigen Gesellschaft. Ihr frauenspezifisches Engagement zeichnete sich durch zwei grundlegende Konzepte aus, die bis heute Frauenpolitik prägen: Einerseits orientierten sich die inhaltlichen Vorstellungen an „Gleichheit", d. h. allen Menschen müssten ungeachtet ihres Geschlechts, ihrer nationalen Zugehörigkeit, sozialen Stellung oder ethnischen Herkunft gleiche Rechte oder Gleichbehandlung im Sinne der bürgerlichen Emanzipation zugestanden werden. Andererseits bestimmte die Vorstellung von „Differenz" zwischen Männern und Frauen die Forderungen nach dem Ende bzw. der Modifizierung der Rechtlosigkeit von Frauen. Ausgehend von der körperlichen Unterschiedlichkeit und damit verbundenen Gebärfähigkeit wurde eine Um- und Aufwertung von Weiblichkeit versucht, auf deren Basis für Frauen Handlungsspielräume gefordert wurden, die ihnen gesellschaftliche Wertschätzung und Verwirklichung eigener Wünsche sichern sollten. Bildeten in der erstgenannten an „Gleichheit" orientierten Strömung die Rechte und Möglichkeiten der Männer den Maßstab, stellte die „Differenz"-Richtung sogenannte originär weibliche Werte ins Zentrum ihrer Argumentation. In der Praxis stießen jedoch beide frauenpolitischen Strömungen an ihre Grenzen: Mit der Existenz der Definitionen von Weiblichkeit über körperliche Unterschiede und Eigenschaften mussten sich die Vertreterinnen des Gleichheitsansatzes ebenso auseinandersetzen wie die Differenzvertreterinnen mit der Tatsache, dass eine diskursive Aufwertung von Weiblichkeit kein automatisches Mehr an Mitspracherecht und Selbstbestimmung bedeutete. Folglich sind in allen Frauenvereinen Elemente beider Frauenpolitik-Ansätze zu finden, obwohl sich die katholische bzw. christlichsoziale Frauenpolitik nach außen hin als strikte Vertreterin des Differenzkonzeptes und die sozialdemokratische Frauenpolitik als ebenso strikte Anhängerin des Gleichheitskonzeptes präsentierten.

Die Sozialdemokratie war als Interessenvertretung der unterprivilegierten arbeitenden Schichten entstanden und konzentrierte ihre Frauenpolitik auf die Verbesserung der Lebensbedingungen der Vielen. Frauenspezifisch hieß das: gleicher Lohn, Einführung von Sozialversicherung, Witwen- und Waisenversorgung, Mutterschutz. Besondere Aufmerksamkeit erreichten sie mit der Einführung des Internationalen Frauentages 1911, als in Wien 25.000 Menschen für das „Frauenwahlrecht" demonstrierten. In der Provinz, auch in Salzburg, wurden Versammlungen organisiert. Die Katholische Frauenorganisation (KFO) hingegen definierte sich als Bewahrerin der christlichen Familie und trat gegen deren Zerstörung durch weibliche Erwerbsarbeit und Änderung des Familienrechts auf. Ihr Motto „Gut österreichisch, deutsch und christlich" intendierte ihre – der Ideologie der Christlichsozialen Partei (CSP) und der Katholischen Kirche entsprechende – antisemitische Einstellung, die auch in frauenspezifischen Kampagnen, wie „Kauft nicht bei Juden", zum Ausdruck kam. Als Konkurrentinnen orteten sie neben den Sozialdemokratinnen auch die bürgerlich-freisinnig parteiunabhängig organisierten Frauen des Allgemeinen Österreichischen Frauenvereins.

Die Männer in der Christlichsozialen wie in der Sozialdemokratischen Partei einte hingegen in der Regel das Misstrauen gegen das öffentliche Engagement der Frauen für Frauenanliegen. So blieben die organisierten Katholikinnen von den Diskussionen des „Ersten Deutsch-Österreichischen Katholikentages" 1913 ausgeschlossen, wurden jedoch gelobt, wenn sie sich im Sinne der christlichen Caritas für die Schwachen und Armen engagierten. In der Sozialdemokratie waren Frauen bei den Diskussionen der Parteitage willkommen, jedoch nur solange sie nicht zu viele Sonderwünsche formulierten. Schließlich hatte die Sozialdemokratische Arbeiterpartei (SDAP) bereits 1892 die Forderung nach dem Wahlrecht „ohne Unterschied des Geschlechts" in ihr Parteiprogramm aufgenommen und galt seitdem als die Partei der „Frauen-Emancipation". Die selbstbestimmte Organisation in Frauen-Vereinen bedeutete – unabhängig von den Inhalten, die damit verbunden waren – ein Stück weit Eroberung des öffentlichen Raumes von und für Frauen. Das galt für die caritativen Fürsorge-Vereine im Sinne einer „geistigen Mütterlichkeit" ebenso wie für „Frauenstimmrechts-Vereine". In all diesen Zusammenschlüssen nahm die soziale Komponente einen wichtigen Stellenwert ein. Die Kirche als eine Art „Gasthaus der Frauen" fungierte weiterhin zwar als wichtigster institutionalisierter Frauenraum – auch im katholischen Salzburg – bekam jedoch in dieser Funktion durch das entstehende Frauenvereinswesen potentiell Konkurrenz. Auch in der KFO wurde vor dem Ersten Weltkrieg bemerkt, dass junge Akademikerinnen „ein klein wenig Frauenrechtlerei und Vorliebe für die politische Tätigkeit der Frau" einbrachten.

Frauenspezifische Heimat-Fronten im Ersten Weltkrieg

Der Krieg spitzte die Auseinandersetzungen um die Positionierungen von Frauen in Gesellschaft und Recht ebenso wie die Auseinandersetzungen um die Geschlechterverhältnisse dramatisch zu. Er produzierte eine „vaterlose Gesellschaft", wie der Zeitgenosse und Psychoanalytiker Paul Federn diagnostizierte, und bedeutete für Frauen eine befremdliche Zeit. Alles schien anders. Die Rede von der zarten Weiblichkeit verstummte. Das sogenannte Hinterland wurde zur „Heimatfront", die Frauen wurden Teil der Kriegsführung und zu „Soldatinnen". In Form von „freiwilliger" Arbeitspflicht wurden sie in Berufe und Bereiche eingegliedert (etwa in die Metallindustrie), für die sie noch kurz zuvor als ungeeignet bezeichnet worden waren. Der Reproduktionsbereich wurde staatlich und kommunal geregelt und in die Verantwortung der Frauenvereine gelegt. Eine zentrale Rolle kam dabei der „Frauenhilfs-Aktion im Kriege" zu, die von der Reichsorganisation der Hausfrauen Österreichs initiiert worden war und über sämtliche Vorbehalte und Unterschiede hinweg die Zusammenarbeit von bürgerlich-freisinnigen, katholischen, sozialdemokratischen, jüdischen, protestantischen und deutschnationalen Frauen bedeutete. „Bekannte Aristokratinnen wetteifern mit den Salzburger Bürgersfrauen und deren Töchtern im Samariterdienste", schilderte der *Ruperti-Kalender* von 1916 die Situation.

Die patriotische Kriegsbegeisterung einte zunächst Frauen über Weltanschauung, Religion oder soziale Positionierungen hinweg. Erst 1916, im dritten Kriegsjahr, waren die Kriegsgegne-

Abb. 6 Das Infanterieregiment 95 aus Stanislau in Tamsweg vor dem Abmarsch an die Front (1915)

rinnen in den Zirkeln der bürgerlich-freisinnigen Feministinnen, der Sozialdemokratinnen und Katholikinnen nicht mehr isolierte Fremde im eigenen Land. Die „Kriegskommission der vereinigten Salzburger Frauen-Vereine" organisierte in Salzburg Ende 1915 erste Proteste gegen den Mangel und die Teuerung. Die Lebensmittelpreise waren um das 13-fache der Friedenstage gestiegen: „Da begann die Zeit, wo wir praktisch Gras gegessen haben." Bei Hunger handelte es sich um ein soziales Phänomen, denn es gab auch diejenigen, die eine ertragreiche Landwirtschaft oder Tauschmittel wie Schmuck besaßen und am Schwarzmarkt handelten. Kombiniert mit dem Sieg der Russischen Revolution unter der Losung „Brot und Frieden" kam es in allen Krieg führenden Staaten Europas zu Demonstrationen und Revolten. Nicht nur der Hunger, sondern auch die Millionen Toten ließen die Ehrfurcht vor den alten Autoritäten Kirche und Adel teilweise rapide schwinden. Ausdruck dafür war die im Jahre 1918 einsetzende Massenradikalisierung der Arbeiter/innen und der Frauen, die als Verwalterinnen des Hungers zu fungieren hatten – in Salzburg waren es in erster Linie die Halleiner Zigarrenarbeiterinnen. Verstärkt vom Unmut über die Einführung der „allgemeinen" Arbeitspflicht wurden, trotz Zensur und Einschränkung der Meinungsfreiheit, Frauenrechte gefordert. Noch distanzierte sich die KFO vom Frauenwahlrecht und betonte im Gegenteil „das Recht der Frau, davor bewahrt zu bleiben". Erst nachdem die Monarchie zerbrochen war, der Kaiser abgedankt hatte und die Republik ausgerufen worden war, vollzog sich innerhalb der organisierten Katholikinnen ein Meinungsumschwung und auch sie erhoben die Forderung nach den Staatsbürgertumsrechten für Frauen.

Vom „Aufbruch" in der Ersten Republik …

Standen die Engagierten in der KFO vor dem Ersten Weltkrieg der „Frauen-Emancipation" noch überwiegend ablehnend gegenüber, so fanden sie sich nun mit Staatsbürgerinnenrechten und den Folgen selbst konfrontiert. Zusehends wünschten junge christlichsozial gesinnte, gut ausgebildete Frauen der KFO an dieser neuen Situation als aktive Politikerinnen und Mandatarinnen teilzuhaben und die neue Zukunft mitzugestalten. Zu diesem Zweck versuchten einige von ihnen, eine explizit politische christlichsoziale Frauenorganisation zu gründen, mit Vertrauensfrauen und „straffe[r] Verbindung zur Zentrale" mit dem Ziel – so am Parteitag 1920 –, als „Glied der christlichsozialen Partei" anerkannt zu werden, jedoch vergeblich. Während der Ersten Republik fungierte die deklariert „unpolitische" KFO als sogenannter weiblicher Flügel der Christlichsozialen Partei. Anders gestaltete sich die Situation in der Sozialdemokratie, der Partei mit der ältesten frauenspezifischen Organisationsstruktur. Auch in der neu gegründeten deutschnationalen Großdeutschen Volkspartei wurde eine spezielle Struktur für die weiblichen Mitglieder aufgebaut.

Obwohl die politisch-rechtliche Ausschlusskategorie des weiblichen Geschlechts mit der Gründung der Republik Österreich abgeschafft wurde, hielten die Parteien ganz bewusst weiterhin am „Frausein" als politischer Kategorie fest. Diese Kategorisierung ist in der Struktur der Geschlechterverhältnisse verankert und gilt in ähnlicher Form bis heute – und zwar bis zur Verwirklichung der Geschlechtergerechtigkeit. Obwohl es „die" Frauen als homogene Gruppe nie gab, wurden sie von Recht und Politik als solche behandelt. Deswegen formierten sich die Politikerinnen aller Parteien als Frauen-Vertreterinnen und formulierten ihre Forderungen „vom Frauenstandpunkt aus". Das konnte in der ersten Generation der weiblichen Nationalrätinnen auch zu Partei übergreifenden Frauenkoalitionen führen, wie im Falle der Höheren Mädchenbildung. Da sich der junge Staat die Errichtung öffentlicher Mädchengymnasien nicht leisten konnte, gab es lediglich die Möglichkeit, die Bubengymnasien für Mädchen zu öffnen und das bedeutete gemeinsamen Unterricht von Mädchen und Buben – ein Feindbild von Christlichsozialer Partei und deutschnationaler Großdeutscher Volkspartei. Ihre Mandatarinnen akzeptierten jedoch diese ideologisch ungeliebte Maßnahme, um ihr Ziel zu erreichen, und es gelang ihnen auch, ihre jeweiligen Fraktionen zu überzeugen. Dem gemeinsamen Gesetzesantrag aller weiblichen Nationalratsabgeordneten wurde 1920 einstimmig zugestimmt.

Ein Blick nach Salzburg zeigt, dass auch hier Realisierung und Gesetzeslage auseinanderklafften. Zur geschlechtsspezifischen Einstellung vieler Menschen, dass die Söhne „fürs Leben" zu lernen hätten und die Töchter „sowieso heiraten" würden, kam das Stadt-Land-Gefälle. Zwei Drittel aller Schülerinnen in Salzburg besuchten nur die Volksschule. Eine weiterführende, berufsbildende Schule wie die Lehrerinnenbildungsanstalt und Kindergärtnerinnenausbildung bei den Ursulinen, Handelsschule, Gewerbeschule für Schneiderinnen oder Hausarbeitskurse gab es nur in der Landeshauptstadt und konnte von Mädchen vom Land daher kaum besucht werden. Das Fehlen einer Universität bedeutete auch für Buben einen Nachteil; den Töchtern ein Studium in einer fernen Universitätsstadt zu ermöglichen, konnte bzw. wollte sich kaum eine Salzburger Familie leisten.

Diese Stimmung korrespondierte nachhaltig mit der Situation der Frauen am Arbeitsmarkt. Zuerst ging es darum, die von der Front und aus der Kriegsgefangenschaft heimkehrenden Männer wieder in das Erwerbsarbeitsleben einzugliedern, was bedeutete, dass die Frauen von den vor allem besser bezahlten Stellen wieder abgezogen wurden. Nach positiver Abstimmung über den Verbleib des Bundeslandes bei Österreich 1921 wurde in Salzburg ein Aufnahmestopp für Frauen bei Post und Bahn erlassen. Die ökonomische Situation in den 1920er Jahren, mit rasender Inflation, Bankensterben, Weltwirtschaftskrise und steigender Arbeitslosigkeit, machte es zwar erforderlich, dass auch Ehefrauen aus den bürgerlichen Mittelschichten einer Erwerbsarbeit nachgingen. Dabei handelte es sich aber mehrheitlich nicht um Selbstverwirklichung durch ökonomische Selbständigkeit, sondern um Notwendigkeiten, was von vielen Frauen, die sich in der Ehe versorgt wähnten, als ungerecht empfunden wurde. Doppel- und Dreifachbelastung prägten den weiblichen Alltag jenseits der zahlenmäßig kleinen reichen Oberschicht. In Arbeitslosen-Haushalten kam den Frauen die Aufgabe zu, durch Gelegenheitsarbeiten wie Waschen oder Nähen die Existenz zu sichern. Besonders dramatisch gestaltete sich die Situation im ländlichen Bereich. Um die Teilung des Besitzes zu verhindern, sicherte das Salzburger Erbrecht dem erstgeborenen Sohn den Hof zu. Für die Tochter bedeutete dies neben dem möglichen Einheiraten in einen anderen Hof vor allem ein Leben voller Arbeit ohne Rechte auf Kost und Logis als Magd, als Landarbeiterin oder Dienstmädchen. Der Hoffnungsfokus Stadt entpuppte sich für viele als „Endstation Sehnsucht", was die dramatischen Appelle der

Vereinigung der Katholischen Hausgehilfinnen an den Salzburger Landtag um einen finanziellen Zuschuss für ihr Dienstmädchenheim unterstreichen.

Diese geschlechtsspezifischen Lebensbedingungen prägten die Frauenpolitik aller Parteien in der Ersten Republik. Bis 1930 konnte sich in den bundesweiten Wahlen sowie im Land Salzburg die Christlichsoziale Partei auf das Wählerinnen-Segment der „katholischen Frauen" verlassen. Ihnen wurde dafür in der Öffentlichkeit zwar überschwänglich gedankt, in der Berufung weiblicher Abgeordneter drückte sich dieser Dank jedoch nicht aus. Im Landtag saßen meist nur ein bis zwei Frauen, darunter die Christlichsoziale Maria Simmerle und die Sozialdemokratin Aloisia Franek. Abseits von der Tatsache, dass die Sozialdemokratische Partei auf allen Ebenen immer mehr Mandatarinnen stellte als die Christlichsoziale Partei, saß von 1927 bis 1930 im Nationalrat keine einzige Christlichsoziale oder Deutschnationale Politikerin. Angesichts dieses „ganz unmöglichen Zustands", wie die KFO diese Situation kommentierte, wurde in der Vorbereitung für die Nationalratswahlen 1930 der Christlichsozialen Parteileitung ein Ultimatum gestellt: Ohne zumindest eine Frau auf sicherem Listenplatz würde die KFO – sie zählte österreichweit rund 188.000 Mitglieder – der Christlichsozialen Partei die Wahlkampfunterstützung entziehen. Die Partei gab nach.

Beispiele wie dieses zeigen, wie zielgerichtet sich die KFO auf dem Parkett der modernen Parteipolitik zu bewegen gelernt hatte. Gleichzeitig denunzierte sie jedoch den Zeitgeist der 1920er Jahre und das Modell der „neuen Frau" mit Bubikopf als „Symbol der künstlichen Vermännlichung". In Salzburg war das Milieu dieses Frauentypus, der sich schminkte, figurbetonte kurze Kleidung trug und sich sportlich betätigte, klein. Trotzdem fielen auch hier die Zöpfe – Zeichen der überwunden geglaubten „alten Geschlechterordnung". Das Bild der „neuen Frau" mit ökonomischer und psychischer Unabhängigkeit vom Mann, in einer Gesellschaftsordnung, die den von Frauen geleisteten Reproduktionsbereich in staatliche Verantwortung übernahm, stand für die Sozialdemokratinnen und ihre Politik in den 1920er und 1930er Jahren: gleicher Lohn für gleiche Arbeit, Reform des Familienrechts, Einführung der Zivilehe und der Ehescheidung, Einrichtung von Kindergärten, Modernisierung der Haushaltsarbeiten, Sexualaufklärung sowie die Abschaffung der Abtreibungsparagrafen 144-146 und Einführung der Fristenlösung. Die öffentliche Verhandlung dieser Forderungen endete jedoch abrupt 1933/34 nach der Auflösung des Parlaments und der Errichtung des autoritären „christlichen Ständestaates".

… und vom „Abbruch" im autoritären „christlichen Ständestaat" und Nationalsozialismus

Noch 1933 hatte die KFO das Ende der demokratischen Republik Österreich und damit verbunden die Auflösung des Parlaments begrüßt und 1934 nach den „Februarkämpfen" nicht gegen das Verbot aller politischen Parteien sowie auch ihrer Frauenorganisationen Einspruch erhoben. Sie hatten sich mehr Einfluss für katholische Frauen(politik) erhofft, wurden jedoch bitter enttäuscht. Trotz teilweiser Gegenwehr (vor allem von Seiten der Wiener Sektion) wurde 1935 die KFO in die Katholische Aktion eingegliedert, verlor den eigenständigen Status und fand sich dem Klerus unterstellt wieder. Für viele Aktivistinnen der Sozialdemokratischen, der Kommunistischen, der bürgerlich-freisinnigen Frauenvereine und der Nationalsozialistischen Partei bedeutete das Festhalten an ihren Vorstellungen von Frauenpolitik ab 1933/34 Verfolgung und Haft.

Für die Entwicklung einer demokratischen politischen Kultur in Österreich war das Ende der parlamentarischen Demokratie und der erst 14 Jahre währenden „gleichen" Rechte für Frauen als Staatsbürgerinnen nachhaltig mit negativen Konsequenzen verbunden: Im neuen österreichischen autoritären Ständestaat wurde die Ungleichheit der Geschlechter in der Verfassung verankert und – damit verknüpft – geschlechtsspezifische Handlungsspielräume zum Nachteil von Frauen neu geregelt. Frauen verschwanden (wieder) von der öffentlichen Bühne der Politik, die sogenannte „Doppelverdienerverordnung" führte zu Entlassungen von verheirateten Frauen aus dem Staatsdienst und die staatlichen Subventionen für Mädchenmittelschulen wurden gekürzt. Die Frauenideologie des Austrofaschismus wandte sich explizit gegen ein selbstbestimmtes Frauenleben, was auch die Erwerbsarbeit einschloss, und fokussierte auf das Modell der christlichen Ehefrau und Mutter, in deren Verantwortung die Sorge um das Wohl des „christlichen Familienideals" liegen sollte. Die Realität zeigte eine andere Tendenz: Laut der Volkszählung 1934 waren in Salzburg nur 45,7 % der Frauen im heiratsfähigen Alter verheiratet und von den 629 in der Landes-Gebäranstalt 1932 registrierten Geburten waren 43 % unehelich.

Mit der Machtübernahme des Nationalsozialismus und dem ‚Anschluss' Österreichs an das Deutsche Reich im März 1938 trat der Stellenwert der Geschlechterdifferenzen für die Lebensgestaltung angesichts der rassistischen und eugenischen Kategorisierungen zusehends in den Hintergrund. Die Unterscheidung von lebenswerten und nicht lebenswerten Menschengruppen entschied unabhängig von Geschlecht, politischer Gesinnung, Alter oder sozialer Positionierung über Leben und Tod. An der untersten Stufe der vom NS-System konstruierten Skala standen Juden/Jüdinnen, gefolgt von Roma/Romnis und Sinti/Sintizas, den sogenannten Zigeunern/Zigeunerinnen. Auf sie warteten Zwangsarbeit, Inhaftierung in Konzentrationslagern und die industrielle Massenvernichtung – falls Flucht und Emigration nicht gelingen konnten. Für das Überleben jenseits der NS-Rassegesetze entscheidend war außerdem, ob Menschen den NS-Definitionen von geistiger und körperlicher Gesundheit entsprachen. Für die anderen wurde im Euthanasie-Programm des Nationalsozialismus der Tod organisiert, was auch als Vorbereitung für den Genozid an der jüdischen Bevölkerung diente.

Für sogenannte „deutsche" Frauen hielt die NS-Ideologie und die NS-Geschlechterpolitik eine Vielzahl von Identifikationsangeboten bereit, die, basierend auf kurzfristigen materiellen Verbesserungen und weitgehenden sozialen Versprechungen, den Großteil auch der „deutschen" Salzburgerinnen für das NS-Regime gewinnen konnten. Ihre ins Private verbannte sorgende Funktion für andere wurde als funktionaler weiblicher Teil der „deutschen Volksgemeinschaft" wertschätzend politisiert und in der Öffentlichkeit sichtbar gemacht. Von 1939 bis 1943 erhielten zum Beispiel 17.620 Salzburgerinnen das „Mutterkreuz". Vordergründig setzte die Geschlechterordnung des Nationalsozialismus auf eine extreme Geschlechterspaltung. Jedoch kamen die „Mütter der Nation" während des Zweiten Weltkrieges in Männerberufen der Schwerindustrie ebenso zum Einsatz wie als KZ-Aufseherinnen, als Flakhelferinnen und Angehörige der Deutschen Wehrmacht. Die NS-Politik modifizierte die geschlechtsspezifischen Festlegungen auch durch die tendenzielle Auflösung des bürgerlichen Familienverbandes, in dem die NSDAP die väterliche Autorität ersetzen konnte, und ermöglichte durch die Einführung der Zivilehe die Wiederverheiratung nach einer Scheidung. Die Parteigliederungen der NSDAP sahen strikt an der Geschlechterlinie getrennte Organisationen und Funktionen für Männer und Frauen vor, in den politischen Spitzenpositionen aller staatlichen Ebenen waren jedoch ausschließlich Männer vertreten. Das verbleibende Engagement im Bund Deutscher Mädel, beim Reichsarbeitsdienst, in der NS-Frauenschaft oder der NS-Volkswohlfahrt bedeutete für Frauen nicht nur Schulung in NS-Ideologie, sondern konnte auch Gelegenheit bieten, dem engen Elternhaus oder der Häuslichkeit zu entkommen und für ungeliebte Autoritäten eine Alternative zu finden.

Abb. 7 „Deutscher Tag" in Tamsweg (1932)

Ein differenzierter Blick auf Frauen auch in Salzburg macht angesichts des Systems von Einbindung und Ausgrenzung Täterinnen ebenso sichtbar wie Zuschauerinnen oder Mitläuferinnen und Opfer, Widerstandskämpferinnen oder dissidente Frauen. Beispiele für Letztere wären die Näherin und Kommunistin Rosa Hoffmann, die am 9. März 1943 wegen „Zersetzung der Wehrkraft" und „Vorbereitung zum Hochverrat" in Berlin-Plötzensee hingerichtet wurde, oder eine Walser Bäuerin mit 22 Kindern, welche die Annahme des Mutterkreuzes verweigerte. Ein besonderes Spannungsverhältnis zwischen (lokalen) NS-Machthaberinnen und -machthabern sowie weiblicher, vor allem ländlicher Bevölkerung bestand durch den Antiklerikalismus des Regimes. Dieses Spannungsverhältnis kam beispielsweise im Protest von Kendlbrucker Bäuerinnen 1939 gegen das Abnehmen der Kreuze in der Schule zum Ausdruck.

Ausblick

Die Niederlage der Deutschen Wehrmacht und die Befreiung Österreichs vom NS-System 1945 bedeutete auch in geschlechterpolitischer Hinsicht keine Stunde Null. Desillusioniert und trotzig, seltener mit Euphorie, wurde gerade in den ersten Nachkriegsjahren das Überleben organisiert und mit dem Wiederaufbau begonnen. Es war eine andere Situation als der Aufbruch in die demokratische Erste Republik nach dem Ersten Weltkrieg, der auch ein Infragestellen der tradierten Geschlechterrollen bedeutet hatte. Nun, nach zwölf Jahren Diktatur durch den autoritären „christlichen Ständestaat" und die NS-Herrschaft, schienen die Handlungsspielräume von Männern und Frauen jenseits der gleichen demokratischen Rechte einzementiert und das „Gruppenbild mit Dame" war die Regel. Frauen in öffentlichen Funktionen blieben Einzelfälle, ebenso an den Universitäten und in gehobenen Berufen. Anzustrebendes Ziel der großen Mehrheit wurde die idealtypische Kleinfamilie. Die Themen aus den 1920er Jahren, die selbstbestimmtes Frauenleben und das Aufbrechen tradierter Geschlechterrollen diskutiert hatten, wurden erst seit dem Beginn der Neuen Frauenbewegung in den 1970er Jahren – auch in Salzburg – wieder öffentlich verhandelt.

Literaturhinweise

HAUCH Gabriella, Vom Frauenstandpunkt aus: Frauen im Parlament 1919–1933, Wien 1995.
HAUCH Gabriella, „Arbeit, Recht und Sittlichkeit: Themen der Frauenbewegungen in der Habsburgermonarchie", in Helmut Rumpler / Peter Urbanitsch (Hgg.), Die Habsburgermonarchie 1848–1918, Politische Öffentlichkeit und Zivilgesellschaft (Bd. VIII/1), Wien 2006, 965–1003.
KRONTHALER Michaela, Die Frauenfrage als treibende Kraft: Hildegard Burjans innovative Rolle im Sozialkatholizismus und Politischen Katholizismus vom Ende der Monarchie bis zur ‚Selbstausschaltung' des Parlaments (= Grazer Beiträge zur Theologiegeschichte und Kirchlichen Zeitgeschichte, Bd. 8), Graz 1995.
MAZOHL-WALLNIG Brigitte (Hg.), Die andere Geschichte: Eine Salzburger Frauengeschichte von der ersten Mädchenschule (1695) bis zum Frauenwahlrecht (1918), Salzburg-München 1995.
THURNER Erika / STRANZINGER Dagmar (Hgg.), Die andere Geschichte 2: Eine Salzburger Frauengeschichte des 20. Jahrhunderts, Salzburg-München 1996, 13–70.

Leben und Wirken von Margit Gräfin Szápáry: Eine Kurzbiographie

---

Christian Blinzer

Margarete Luise Laura Fanny Wanda Regina Comtesse Henckel von Donnersmarck wurde am 21. Februar 1871 in Dresden als fünftes und vorletztes Kind der gräflichen Familie Hugo II. und Wanda Henckel von Donnersmarck geboren. Ihre Geschwister waren Hugo III. (1857–1923), Sara (1858–1934), Edgar (1859–1939), Ellinor (1864–1884) und Irmgard (1872–1940). Das Mädchen wurde in eine der vermögendsten Familien Schlesiens geboren, welche im Früh- und Hochkapitalismus zu beträchtlichem Reichtum gekommen war und diesen durch Investitionen in landwirtschaftliche und industrielle Projekte auch auf sehr hohem Niveau zu wahren wusste (vgl. Beitrag von Peter Wiesflecker). Die junge Comtesse (unverheiratete gräfliche Tochter) wurde in Dresden und Krawarn (Schlesien, heute Krowiarki in Polen) erzogen und lebte bis zu ihrer Hochzeit mit Sándor Graf Szápáry überwiegend im Schloss der Eltern.

Abb. 8 Hochzeitsfoto mit dem Ehepaar und der Familie Henckel-Donnersmarck (1900)

Margit (wie sie genannt wurde) Comtesse Henckel von Donnersmarck genoss eine fundierte **Schulbildung**. Ein in Krawarn ausgestelltes Zeugnis vom 2. September 1889 beurteilt die Leistungen der Schülerin durchwegs sehr positiv: Sie wurde in Deutsch, Englisch und Französisch jeweils in den Fächern Grammatik, Orthographie (Rechtschreibung), Stil und Literatur unterrichtet. Weitere Unterrichtsfächer waren Biblische Geschichte, Geschichte, Geographie, Physik, Naturgeschichte, Kulturgeschichte, Lesen, Rechnen, Calligraphie (Schönschrift), Zeichnen, Malen, Musik und Handarbeiten. Das Zeugnis schloss die Lehrerin mit der Bemerkung ab: „Während der ganzen Schulzeit zeichnete sich Margarethe durch ein Benehmen von so feinem Takt und so gleichmäßiger Liebenswürdigkeit nach jeder Richtung hin aus, dass ich sagen darf: Einer Lehrerin wird selten das Glück zu Theil, eine solche Schülerin zu haben!"

Im Frühjahr 1900 verlobte sich die Comtesse im Alter von 29 Jahren mit dem 42-jährigen k. u. k. Kämmerer und Rittmeister Sándor (Alexander) Graf Szápáry. Im Sommer des selben Jahres, am 18. Juli 1900, fand die **Hochzeit** der beiden Verlobten im Henckel-Donnersmarck'schen Schloss in Krawarn statt. Einer der Trauzeugen war Hans Graf Wilczek, Besitzer von Schloss Moosham bei Unternberg und ein Freund Sándor Szápárys. Aller Wahrscheinlichkeit nach war es Graf Wilczek, der Graf Szápáry mit dem Lungau bekannt machte. Zwischen 1900 und 1904 wurde nach Plänen des Wiener Architekten und späteren Dombaumeisters Ludwig Simon der Rohbau von **Burg Finstergrün** errichtet (vgl. Beitrag von Anja Thaller). Während des Burgbaus wohnte die Familie noch nicht dauerhaft im Lungau. Die Sommer (als am Burgbau gearbeitet werden konnte) verbrachte man meist als Gäste auf Schloss Moosham bei der Familie Wilczek, die Winter in der Regel im Szápáry'schen Palais in Pressburg (Bratislava), wo Mutter und Schwester von Sándor Graf Szápáry wohnten.

In den gleichen Zeitraum wie der Burgbau fielen auch die Geburten der beiden **Kinder** des gräflichen Ehepaars in Schlesien. Sohn Béla (1901–1993) wurde in Siemianowitz (heute Siemianowice Śląskie), Tochter Jolánta (1902–1987) in Krawarn geboren. Das Glück der jungen Familie währte aber nicht lange, starb doch Sándor Graf Szápáry unerwartet am 22. März 1904 während eines Aufenthalts in Bratislava. Margit Gräfin Szápáry blieb – obwohl ihr ihre Eltern vorschlugen, nach Schlesien zurückzukehren – als **Witwe** und zweifache Mutter auf der neu errichteten Burg in Ramingstein zurück. So war sie förmlich gezwungen, schon früh „ihren Mann zu stehen". Allmählich begann sie, sich im Lungau sozial zu betätigen, was durchaus in der Tradition adeliger Frauen der Zeit stand.

Gräfin Szápáry ersuchte 1905 auch um Erlaubnis zur Errichtung einer Privatgruft auf Finstergrün, die im Südwesten der Burg errichtet werden hätte sollen. Diese Gruft wurde jedoch nie gebaut. Die Burg und die Burgkapelle richtete Gräfin Szápáry nach dem frühen Tod ihres Mannes mit **Kunstschätzen** aus dem In- und Ausland ein. Im Nachlass der Gräfin finden sich unzählige Fotographien von Plastiken, Truhen, Türen, Stühlen, Tischen, Fenstern, Spiegeln usw. sowie von eingerichteten Zimmern, die von beeindruckendem Reichtum zeugen. Der Großteil der erworbenen Gebrauchsgegenstände war aus dem 16.–19. Jh. (Gläser, Schüsseln, Krüge, Schalen, Laternen etc.), zum Teil wurden auch ältere Objekte angekauft. Romanische und gotische Kruzifixe fanden sich in der Burg ebenso wie diverse Plastiken aus dem 13.–19. Jh. sowie Mobiliar aus dem 15.–19. Jh. Abgesehen von Burg Finstergrün waren unter anderem das Prem-Haus nahe der Burg, das Mahr-Haus und das sogenannte Wascher-Haus in Ramingstein, das Wurzi-Gut in Wald bei Ramingstein, die Mislitzalm bei Ramingstein, zwei Jagdhäuser mit angeschlossener Jagd im Göriachtal sowie mehrere Grünstücke in Ramingstein im Besitz der Familie Szápáry.

Die Burg konnte nur in den Sommermonaten bewohnt werden, da die andauernden tiefen Temperaturen in den langen Lungauer Wintern ein Heizen der großen und hohen Räume in der Burg praktisch unmöglich machten. Margit Szápáry verbrachte die Winter in der Regel im Prem-Haus. Im **Ersten Weltkrieg** übersiedelte die Familie gänzlich in dieses Haus, da der Großteil der männlichen Arbeiter und Angestellten von Burg Finstergrün zum Kriegsdienst eingezogen wurde, was einen geregelten Alltag auf der Burg nicht zuließ. Der Erste Weltkrieg brachte auch eine massive Verschlechterung der Finanzlage von Gräfin Szápáry. Einen Teil ihres Vermögens hatte sie in Kriegsanleihen investiert, das so veranlagte Kapital – Kreditnehmerin war die Regierung – ging durch die Niederlage im Ersten Weltkrieg vollständig verloren. Auch andere Familienmitglieder der Henckel von Donnersmarck hatten durch den Weltkrieg schwere finanzielle Einbußen erlitten. Diese Entwicklung hatte in Verbindung mit dem finanziell aufwendigen Wirken und mit der rasanten Geldentwertung zur Folge, dass das Vermögen von Margit Szápáry bereits in der Zwischenkriegszeit deutlich geschrumpft war.

Margit Szápáry war nicht nur finanziell, sondern auch gesundheitlich stark angeschlagen. Sie litt an **Herzproblemen** und musste diesbezüglich etwa ab den 1920ern bis zu ihrem Tod mehrmals ärztlich behandelt werden. Im Jahr 1938 wurde ihr zudem eine (bösartige) Wucherung in der Speiseröhre diagnostiziert, die nur noch eine eingeschränkte Aufnahme von Flüssigkeit zuließ und es ihr unmöglich machte, feste Nahrung zu sich zu nehmen. Zwei Jahre später war diese Wucherung, wie eine neuerliche Untersuchung zeigte, zu einer Narbe verheilt, die Speiseröhre gesund. Zwischen 1940 und 1942 erlitt Margit Szápáry zwei Herzattacken, 1942 zudem einen Schlaganfall.

Die schlechte Wirtschaftslage der Zwischenkriegszeit und die relative Verarmung zwangen die Gräfin, ab ca. 1929 **paying guests** (zahlende Gäste) auf der für Touristen anziehend rustikal wirkenden, nicht an das Stromnetz angeschlossenen Burg aufzunehmen. Mit einigen dieser *paying guests* vor allem aus dem anglo-amerikanischen Raum verband die Familie Szápáry eine freundschaftliche, persönliche Beziehung. Auch im Jagdhaus in Göriach hatte Gräfin Szápáry immer wieder Jagdgäste aus dem In- und Ausland einquartiert. Die nationalsozialistische Tausend-Mark-Sperre von 1933 bis 1936 schwächte den österreichischen Fremdenverkehr. Diese Sperre schrieb deutschen Touristinnen und Touristen für eine Reise nach Österreich die Zahlung des festgesetzten Betrages vor und war vom NS-Regime in Deutschland als gezielte wirtschaftliche Schwächung Österreichs konzipiert, wobei Salzburg die negativen Auswirkungen dieser Aktion besonders stark zu spüren bekam. Bis kurz vor dem ‚Anschluss' Österreichs an das Deutsche Reich hatte Margit Gräfin Szápáry Gäste auf ihrer Burg.

Die Verwurzelung im katholischen **Glauben** wurde Margit Gräfin Szápáry schon durch ihr Elternhaus mitgegeben. Ein geregelter Messbesuch (auch bei Auslandsaufenthalten) war ihr zeitlebens wichtig, auch eine gewisse Nähe zur Gottesmutter Maria lässt sich in einer Vielzahl von Hinweisen erkennen. Als gläubige Frau ist sie bis heute Zeitzeuginnen und Zeitzeugen in Erinnerung.

Anfang Mai 1943 wurde Margit Szápáry nach längerem Erholungsaufenthalt und nach intensiver ärztlicher Behandlung von Schloss Haunsperg in Oberalm bei Hallein nach Ramingstein gebracht. Kurz darauf verstarb Margit Szápáry am 17. Mai 1943 im Prem-Haus. Ihr **Begräbnis** fand am 21. Mai 1943 in Ramingstein unter großer Beteiligung der Lungauer Bevölkerung statt. Die letzte Ruhestätte von Gräfin Szápáry befindet sich nicht auf dem Ramingsteiner Friedhof, sondern – was außergewöhnlich ist – an der nördlichen Außenmauer der Pfarrkirche Ramingstein im Familiengrab Szápáry, das die einzige Grabstätte in diesem Bereich ist.

Die Nachrufe auf das Leben und Wirken von Margit Gräfin Szápáry waren zumeist romantisch-verklärt. Thematisiert wurden darin hauptsächlich der Burgbau, die kunstsinnige Ausgestaltung der Burg, die bäuerliche Umgebung und das volksnahe Auftreten von Gräfin Szápáry. Auf ihr vielfältiges politisches, soziales, caritatives, fürsorgliches und religiöses Wirken wurde hingegen nicht näher eingegangen. Auch ihre Betitelung als „Mutter des Lungaus" reduziert sie auf eine eng definierte Rolle und greift für manche historische Prozesse, an denen sie (zum Teil führend) mitbeteiligt war, zu kurz.

Wie bereits angedeutet, begann sie nach dem Tod ihres Ehemannes ihr soziales Engagement, als sie beispielsweise der Ramingsteiner Volksschule einen Besuch abstattete und aufgrund der verbesserungswürdigen Ausstattung der alten Schule auch gleich Lehrmittel dafür ankaufte. Seit diesem Zeitpunkt ist ein immer stärker werdendes lokales, später auch regionales **Engagement** in sozialen, caritativen, fürsorglichen und religiösen Bereichen festzustellen, das sich allmählich zu sozialpolitischem Wirken auf überregionaler Ebene ausweitete, als sie sich beispielsweise der landesweiten Regelung der Invalidenfürsorge oder der Ernährungsfrage in Salzburg verpflichtete.

Dieses immer intensiver werdende Engagement kann auch verstanden werden als ein Heraustreten aus dem **Privaten** in das **Öffentliche**. Inwiefern ihre Lebensumstände – präziser ihr Leben als Witwe – dieses Hinaustreten in das Öffentliche begünstigt haben, kann nicht eindeutig gesagt werden. Vergleiche zu anderen Biographien zeigen jedoch, dass öffentlich tätige, engagierte Frauen dieser Zeit des Öfteren alleinstehend oder verwitwet waren. Dies begünstigte ihr jeweiliges Wirken dadurch, als man es nicht mehr als ihre Verpflichtung sah, dem Ehemann das öffentliche Auftreten zu überlassen. Ende 1918 wurde den Frauen in Österreich das aktive und passive Wahlrecht zuerkannt. Zuvor war ihnen politische Betätigung weitestgehend untersagt. Doch noch lange nach diesem Zeitpunkt war dieses Recht von einer Diskrepanz zwischen rechtlicher/formaler Gleichheit und tatsächlicher Realisierung dieser Gleichheit gekennzeichnet. In der Hinsicht ist das Wirken von Gräfin Szápáry eine Besonderheit, war sie doch schon vor 1918 politisch aktiv, als sie für die Salzburger Landesregierung tätig und in lokalen, regionalen und überregionalen Ausschüssen und Gremien vertreten war. Der Schritt vom Privaten ins Öffentliche war vollzogen.

Das persönliche Wirken von Gräfin Szápáry erreichte im Ersten Weltkrieg einen Höhepunkt, in einer Zeit, in der sie selbst – wie bereits ausgeführt – zu leiden hatte. Ein besonderes Engagement entwickelte sie im Bereich der **Invalidenfürsorge**. Diese hatte zum Ziel, jenen Soldaten, die als physisch und psychisch Traumatisierte von der Kriegsfront heimkehrten, einen Wiedereinstieg in das Gemeinschafts- und Arbeitsleben zu ermöglichen. Durch ihre Arbeit in der Fürsorge-Landeskommission sowie als Vorsitzende der Invalidenfürsorgestelle auf Bezirksebene gestaltete sie die Lebensbedingungen der Invaliden aktiv mit und war um eine Besserung ihrer Lage bemüht. Die Lage der Invaliden war schon alleine deshalb trist, weil in der bäuerlichen Arbeitswelt dem Wert der männlichen Arbeitskraft besondere Bedeutung zugemessen wurde. Ein invalider Bauernsohn beispielsweise, der seine Leistung nicht erbringen konnte, litt nicht nur an seinen körperlichen und seelischen Traumata, er war zudem mit einer gesellschaftlichen Krise konfrontiert: Er konnte zur (ohnedies angespannten) Versorgung nicht beitragen und musste mitversorgt werden, was oft mit einem (gefühlten oder tatsächlichen) Mangel an persönlicher Wertschätzung einherging. Derartige Probleme betrafen einen relativ großen Personenkreis, im Jahr 1919 waren etwa 300 Invalide bei der Lungauer Fürsorgestelle gemeldet. Ein Hauptaugenmerk von Gräfin Szápáry lag in den Schulungsmöglichkeiten für Invalide für deren Wiedereinstieg ins Berufsleben. Die Beratungsgespräche (u. a. im Rot-Kreuz-Spital in Salzburg) führte sie zum Teil selbst. In diesem Bereich wurde sie landesweit als Expertin und Autorität anerkannt, 1917 scheint sie beispielsweise als einzige Frau neben 15 Männern als Rednerin einer Fürsorgetagung in der Landeshauptstadt Salzburg auf. In den Jahren 1918/19 bemühte sie sich um eine gesetzliche Neugestaltung der Invalidenfürsorge auf Landesebene und arbeitet in dieser Frage eng mit dem Salzburger Rechtsanwalt Rudolf Ramek zusammen, der später (1924–1926) Bundeskanzler wurde. Trotz Zusagen einflussreicher Landespolitiker konnten ihre Ideen – u. a. wegen zu geringer politischer Unterstützung und wegen der äußerst schlechten Wirtschaftslage nach dem Ersten Weltkrieg – nicht umgesetzt werden.

Die Arbeit der Gräfin Szápáry in der Invalidenfürsorge steht im Zusammenhang mit ihrem Wirken für die sogenannten **Kriegerheimstätten**. Invaliden und ihren Familien wurden kleine landwirtschaftliche Besitzungen übergeben, die ihre unabhängige und eigenständige Versorgung ermöglichten. Gräfin Szápáry wurde im Jahr 1916 gebeten, in einem Verein zur Schaffung von Kriegerheimen in Salzburg mitzuarbeiten. Als einziges weibliches Ausschussmitglied war sie führend in die Aktivitäten des Landesvereins eingebunden und übernahm sowohl die teilweise inhaltliche Gestaltung der Vereinsarbeit als auch die Werbung und Erfassung neuer Vereinsmitglieder. Sie gründete auch die Lungauer Zweigstelle dieses Kriegerheimstätten-Vereins und wurde deren Leiterin. Bald zeichnete sich ab, dass die Lungauer Zweigstelle einen speziellen Weg gehen würde: Durch

Abb. 9 Der Nagelsamson und der Bildhauer Pfarrer Josef Mühlbacher (1915)

das Versagen der staatlichen Hilfe in der Invalidenfrage und durch die deshalb fehlenden finanziellen Mittel sah sich die Zweigstelle gezwungen, die Errichtung von Kriegerheimen von privater Seite her zu ermöglichen. Margit Gräfin Szápáry kaufte im Lungau (Oberweißburg, Sauerfeld, St. Michael) und Pinzgau (Lend) mehrere bäuerliche Güter aus eigenem Vermögen an und überließ sie Invaliden und deren Familien zur Bewirtschaftung. Sie trug zum Teil auch die Folgekosten dieser Anschaffungen (Steuern, Versicherungen). Die Arbeit des Lungauer Zweigvereins wurde, so ein zeitgenössischer Zeitungsbericht, „als Vorbild für das übrige Land Salzburg" gesehen. Es ist allerdings ganz deutlich festzuhalten, dass dieses Projekt ausschließlich durch die privaten finanziellen Möglichkeiten von Gräfin Szápáry bestehen konnte und keinerlei strukturverändernde (politische) Maßnahmen folgen ließ. Ähnliches gilt für die **Witwen-** und **Waisenfürsorge**: Gräfin Szápáry stiftete gemeinsam mit Marianne Freifrau von Buddenbrock (geb. Kuenburg) den sogenannten Nagelsamson, der gegen eine Spende mit Nägeln beschlagen werden konnte. Für den Nagelsamson spendeten Menschen aus allen Bevölkerungs- und Einkommensschichten im Lungau, von Leuten außerhalb des Lungaus (meist durch Familie, Bekannte oder Urlauber/innen mit einem Bezug zur Region) bis zu Soldaten. Aus dem Gesamtergebnis von umgerechnet etwa € 19.000 wurden gestaffelte Unterstützungsbeträge an bedürftige Witwen und Waisen im gesamten Lungau ausbezahlt.

Im Rahmen der **Lebensmittelversorgung** war Margit Gräfin Szápáry ebenso in führender Position tätig und setzte sich für eine Linderung der angespannten Ernährungslage ein. Im

Ersten Weltkrieg kam es zu massiven Engpässen in der Versorgung der Bevölkerung mit Lebensmitteln, in zeitgenössischen Quellen ist von einer „drohenden Hungersnot" zu lesen. In dieser Situation vermittelte Gräfin Szápáry für den Lungau Kartoffeln und veranstaltete in ihrem Revier in Göriach Jagden. Etwa 400 kg verwertbares Fleisch der erlegten Tiere wurden daraufhin in Tamsweg, Göriach, Mariapfarr und Unternberg verteilt. Neben diesen lokalen Initiativen war Gräfin Szápáry mit der Leitung der Gemüsebauaktion der Salzburger Landesregierung im Lungau betraut. Diese Aktion der Landesregierung, die dafür Höfe im Lungau pachtete, hatte zum Ziel, die landwirtschaftliche Produktion des Feldgemüseanbaus zu heben. Gräfin Szápáry hatte die Gesamtleitung des Projekts, die Finanzgebarung und die Koordination der beteiligten Höfe inne (in Ledermoos und in Steindorf bei Mauterndorf, Zankwarn bei Mariapfarr, Litzeldorf bei Tamsweg, in St. Margarethen und in St. Martin). Auf den gepachteten Höfen überwachten Vertrauensleute die Arbeiten, die von Flüchtlingen, Kriegsgefangenen und einheimischen Tagelöhnerinnen verrichtet wurde. Im Jahr 1917 wurden im Rahmen dieser Gemüsebauaktion etwa 130 Tonnen Gemüse und 4,6 Tonnen Getreide geerntet. Auch in diesem Fall war Gräfin Szápáry finanzieller Motor des Projekts, gewährte sie doch der verantwortlichen Landesregierung insgesamt sieben Darlehen in der Gesamthöhe von umgerechnet etwa € 30.000.

Im Juli 1919 wurde Margit Gräfin Szápáry als Vertreterin der christlichsozialen Landbevölkerung in den **Bezirkswirtschaftsrat** gewählt. Über die Gründe dieser Wahl kann nur spekuliert werden. Der Schluss liegt aber nahe, dass sie ihre Fähigkeiten im organisatorischen bzw. wirtschaftlichen Bereich durch ihr bisheriges Wirken demonstrieren konnte und dass sie sich u. a. dadurch für die Arbeit in einem Wirtschaftsgremium empfahl.

In weiteren Notsituationen half Szápáry ebenfalls meist schnell und unbürokratisch. Um der ungenügenden Ausrüstung der Soldaten im Ersten Weltkrieg entgegenzuwirken, spendete sie den Volksschulen in Ramingstein, Tamsweg, Unternberg, Mariapfarr, Lessach und Göriach Wolle. Diese wurde zu Kleidungsstücken verarbeitet, die gemeinsam mit Rauchwaren, Postkarten, Brot und Schokolade als sogenannte **Liebesgaben** an die Front gebracht wurden. Auch nach **Brandkatastrophen** im Lungau half sie: Nach dem verheerenden Dorfbrand in Lessach im Juni 1908, bei dem das gesamte Oberdorf zerstört wurde (über 50 Gebäude inklusive Kirche, Pfarrhaus, Mesnerhaus und Schule), ließ sie bis Oktober die obdachlos gewordenen Kinder bei den Halleiner Schulschwestern in Tamsweg auf ihre Kosten unterbringen. Im Frühjahr 1918 verwüstete ein Feuer den Ortskern von St. Andrä. Gräfin Szápáry übernahm Arzt- und Spitalskosten mancher ‚Abbrandler', zahlte Unterstützungsgelder und organisierte Material zur Wiederherstellung des Schuldachs. Auch bei **Plünderungen** in der Stadt Salzburg im September 1919 nahm sich Gräfin Szápáry den Problemen des Personals im Hotel Österreichischer Hof an, organisierte einen Rechtsanwalt für sie und übernahm dessen Ausgaben. Daneben ist eine Vielzahl kleinerer Hilfsaktionen bei Krankheit oder Gebrechen im Lungau bekannt, bei denen Gräfin Szápáry Hilfsbereitschaft zeigte.

Gräfin Szápáry investierte auch in die Infrastruktur des Bezirks Tamsweg. Das heute noch gegenwärtigste Zeichen ist die **Volksschule Ramingstein**, an deren Bau sie maßgeblich beteiligt war. Sie beauftragte den bekannten Salzburger Architekten Paul Geppert d. Ä. mit der Pla-

Abb. 10 Die neue Volksschule Ramingstein (vor 1914)

nung, zahlte einen Teil der Handwerksarbeiten und übernahm die Haftung für die veranschlagte Bausumme. Der damalige Gemeindeausschuss hatte diese Hilfe von Gräfin Szápáry auch dringend nötig, denn mit der Finanzierung des neuen Gebäudes stieß die Gemeinde bald an ihre Grenzen. In einem Gemeindeausschuss-Protokoll hielt man 1912 nüchtern fest: „Die Mehrkosten zahlt die Frau Gräfin Margit Szapary." Nach etwa eineinhalbjähriger Bauzeit wurde die neue Schule am 27. November 1913 feierlich eröffnet und eingeweiht. Ihre Einrichtung war auf dem letzten Stand der Zeit. Margit Szápáry hatte auch Lehrmittel angekauft. Sie trug also in vielerlei Hinsicht dazu bei, eine möglichst positive Umgebung für den Lernerfolg der Schüler/innen zu schaffen. Neben der Unterstützung des Schulbaues ist die bedeutendste Leistung von Gräfin Szápáry im infrastrukturellen Bereich, dass sie die Einführung des **Telefons** im Bezirk ermöglichte: Seit 1908, als die Planungen für den Anschluss des Lungaus an das Telefonnetz gerade begonnen hatten, wurde sie vom neu gebildeten Telefonkomitee im Bezirk wiederholt kontaktiert. Ab dem Folgejahr stand sie auch in direktem Kontakt mit der zuständigen Post- und Telegrafendirektion für Oberösterreich und Salzburg und mit der Bezirkshauptmannschaft Tamsweg. Die Telegrafendirektion nennt in einem Schreiben neben dem Land Salzburg (Unterstützungsbeitrag von umgerechnet etwa € 5.500) nur Gräfin Szápáry, die den rechtsverbindlichen Beitrag für die Errichtung des Telefonnetzes im Lungau hinterlegt hatte (etwa € 59.000). Laut eigener Darstellung Margit Szápárys blieben die Lungauer Gemeinden die als Rückzahlung versprochenen Beträge teilweise schuldig und erstatteten ihr nur etwa 1/3 des Betrages zurück. Der öffentliche Telefonverkehr mit dem Lungau wurde am 15. August 1911 eröffnet. Als der Weiterbau des **Murfallwerks** im hinteren Murtal (1919–1922) wegen nicht ausreichender Finanzierung gefährdet war, intervenierte Gräfin Szápáry, sprach bei der Landesregierung vor und ließ benötigte Zeichnungen vervielfältigen. Margit Szápáry förderte obendrein eine Vielzahl lokaler **Vereine**. Sie war Protektorin des Predlitzer (Steiermark) und des Ramingsteiner Veteranenvereins und förderte bzw. beschenkte die Feuerwehren in Ramingstein (Stiftung einer Fahne, Ankauf einer Feuerleiter), Tamsweg, Göriach, Thomatal, St. Georgen ob Murau (Steiermark) und Leopoldskron (bei Salzburg). Darüber hinaus stiftete sie Preise für die Pferdeprämierung der Pferdezuchtgenossenschaft Unternberg, die Schützenvereine in Mauterndorf und Obertauern unterstützte sie finanziell. Dem Tamsweger Schützenbund ermöglichte sie den Bau eines Schießstandes.

Für **kirchliche Einrichtungen** zeigte Gräfin Szápáry ebenso besonderes Engagement. Im Jahr 1908 bat sie der Salzburger Fürsterzbischof Johannes Kardinal Katschthaler, die Kapelle auf der Passhöhe von Obertauern restaurieren zu lassen. Gräfin Szápáry kam der Bitte nach und ließ die Freskenmalerei im Inneren der Kapelle restaurieren, das Mauerwerk des Gebäudes sowie die Friedhofsmauer ausbessern und das Dach der Friedhofskapelle neu decken. Auch bei der Renovierung der Cäcilienkapelle in St. Georgen ob Murau übernahm sie die Kosten für das Neudecken des Daches. Für den Neubau der Kirche in Sauerfeld ließ Gräfin Szápáry von Paul Geppert, dem Architekten der Ramingsteiner Volksschule, einen Plan anfertigen, der jedoch nicht ausgeführt wurde, da eine zweite Variante kostengünstiger war. Beim Bau der Oberweißburger Kirche (ebenfalls von Geppert) war sie beratend tätig und spendete ein Kruzifix. Im Jahr 1909 ließ sie von den Franziskanerinnen in Eichgraben an der Westbahn (Niederösterreich) ein Ornat (feierliches Priestergewand) mit Rosenmuster anfertigen und schenkte dies der Pfarre Tamsweg. Die Stickereien auf diesem Ornat beschreibt ein Restaurationsbericht aus dem Jahr 1990 als „absolut höchste Qualität". Kardinal Katschthaler war es abermals, der die Gräfin ersuchte, Konzepte für die Einführung der Kapuziner im Lungau auszuarbeiten, wobei eine mögliche Ansiedelung in St. Martin bei St. Michael oder in St. Leonhard bei Tamsweg ins Auge gefasst wurde. Auch dieser Bitte des Kardinals kam Gräfin Szápáry nach und arbeitete 1908/1909 auch Pläne dazu aus; eine neue Niederlassung der Kapuziner im Lungau wurde aber nie errichtet.

Weltanschaulich ist Margit Szápáry dem katholisch-konservativen Lager und damit der Christlichsozialen Partei zuzurechnen. Neben ihrer bereits genannten Arbeit im Wirtschaftsrat äußerte sich diese Lagerzugehörigkeit vor allem durch ihre leitende Tätigkeit in der Katholischen Frauenorganisation (KFO), die zugleich kirchliche Teilorganisation und politische Vorfeldorganisation war (vgl. dazu den eigenen Beitrag über die KFO). Sie war im Politischen Katholizismus in dem Sinn tätig, dass ihre katholische Motivation zu politischem Engagement führte. Der Politische Katholizismus trug wiederum den **Austrofaschismus** mit, der sich selbst als „christlich-autoritärer Ständestaat" sah (1933–1938). Auf die drängende Frage, ob oder inwieweit das neu etablierte politische System bzw. das autoritäre Regime dem Attribut „christlich" gerecht wurde, soll an dieser Stelle nur so weit eingegangen werden, als darauf hinzuweisen ist, dass berechtigte und dringend notwendige Kritikpunkte an dessen christlicher bzw. eben nicht christlicher Ausrichtung gefunden werden können. Allgemein reduzierte das Frauenbild des Austrofaschismus/Ständestaats die Frau ideologisch auf die Rolle der Hausfrau und Mutter, die dem Mann nicht gleichberechtigt war und einem christlichen Familienideal entsprechen sollte (vgl. Beitrag von Gabriella Hauch). Dementsprechend nahm auch die öffentliche (politische) Tätigkeit von Margit Szápáry in dieser Zeit ein Ende. Zugleich war sie eine Anhängerin dieses autoritären und antidemokratischen Systems (und persönliche Bekannte von Kurt und Vera Schuschnigg), von dem sie sich (wohl neben einer Dominanz des konservativen Lagers) vor allem die Abwehr des in Deutschland wie auch in Österreich aufkommenden **Nationalsozialismus** erhoffte. Rückblickend notierte sie später über die Polarisation der politischen Lager, die auch zum Bürgerkrieg geführt hatte: „Die Oppositionsparole hatte von jeher geheißen – Gegen die Sozi! Wie falsch das war, sollte der beim Volk wahrhaft beliebte Kanzler [...] zu spät erkennen. [...] Mit den Sozialdemokraten hät[t]e er deren Parteiarmee, welche gut ausgerüstet war [...], benutzen können, er hät[t]e dem Nazigedanken in Oest[erreich] ein für alle Mal den Garaus machen können." Dem Nationalsozialismus gegenüber hatte sie sich seit den 1930er Jahren explizit kritisch geäußert, was mehrere private Briefe belegen und wie aus einem Leserbrief Margit Szápárys hervorgeht, der in der britischen Zeitschrift *The Spectator* (1934) abgedruckt wurde. Durch ihre scharfen Analysen wird deutlich, wie genau sie die gesellschaftlichen und politischen Entwicklungen in Europa beobachtete. Manche ihrer Aussagen trafen später in ähnlicher Form tatsächlich ein. So skizzierte sie schon in den frühen 1930ern den Weg zum ‚Anschluss' Österreichs sowie die ersten Jahre des Kriegsverlaufs im Zweiten Weltkrieg.

Zur Zeit der ‚Volksabstimmung' am 10. April 1938 über den (de facto bereits vollzogenen) ‚Anschluss' Österreichs an das Deutsche Reich hielt sich Margit Szápáry in Südtirol auf, verbrachte den Sommer in Oberalm und bei Aschau (Bayern) und kehrte erst später wieder in den Lungau zurück. Die genannte ‚Abstimmung' brachte im Lungau ein außergewöhnlich positives Ergebnis (vgl. Beitrag von Gerald Hirtner). Die Motive für diese auffällig hohe Zustimmungsrate sind noch nicht umfassend erforscht, als Mitgründe hierfür sind in einen Erklärungsansatz miteinzubeziehen: die befürwortenden Stimmen führender Persönlichkeiten aus dem konservativen und aus dem (für den Lungau weniger relevanten) sozialdemokratischen Lager; ein relativ ausgeprägter Anteil von Nationalsozialisten unter den Lehrerinnen und Lehrern im Lungau, die lokal in der Regel wiederum angesehene Persönlichkeiten waren; die Ideologisierung eines Teils der Lungauer Bevölkerung durch (parteiübergreifenden) Antisemitismus; die politischen Aktivitäten des relativ gut organisierten und im Sinne des Nationalsozialismus handelnden Deutsch-Völkischen Turnvereins; der „Göring-Mythos", der speziell im Lungau eine bedeutende Rolle spielte – **Hermann Göring** hatte einen Teil seiner Kindheit und Jugend auf Burg Mauterndorf bei seinem Paten Hermann Baron von Epenstein verbracht und versprach der Bevölkerung u. a. imponierende infrastrukturelle Besserungen.

Göring war es auch, der über die höchste NS-Führungsebene im Gau Salzburg in Person von Gauleiter Friedrich Rainer Druck auf Margit Szápáry in einer privaten Darlehensangelegenheit ausüben ließ. Margit Szápáry hatte offenbar **Kreditschulden** bei der Landeshypothekenbank von umgerechnet etwa € 250.000, auf deren unverzügliche Begleichung Göring drängte. Aus den historischen Quellen geht in der Folge hervor, dass ein „Bevollmächtigter" zur Tilgung der Schulden einen Teilbetrag aus dem Henckel von Donnersmarck'schem Erbteil von Margit Szápáry einbehielt. Durch die Unterlagen des betreffenden Aktes kann es als unwahrscheinlich angenommen werden, dass Margit Szápáry tatsächlich einen Bevollmächtigten einsetzte, verhielt sie sich doch in der Angelegenheit betont passiv und kooperationsunwillig und ließ Termine verstreichen. Lilly von Epenstein, die Witwe des oben Genannten, setzte sich in dieser Angelegenheit offenbar wiederholt, jedoch erfolglos für Margit Szápáry ein. Gauleiter Rainer meldete noch im November 1939 persönlich an Göring in Berlin, dass „in der Angelegenheit der Gräfin Szápáry [...] eine Regelung getroffen wurde". Zwei Jahre später, im November 1941, wurde ein Teil der künstlerisch wertvollen Einrichtung von Burg Finstergrün im (arisierten) Münchner Auktionshaus Adolf Weinmüller versteigert. Durch die **Versteigerung** konnten aller Wahrscheinlichkeit nach einige tausend Reichsmark als Verkaufsergebnis erzielt werden, wodurch sich die finanzielle Notlage Margit Szápárys etwas besserte. Eine ähnliche Vorgehensweise wie in der geschilderten Kreditangelegenheit wiederholte sich für Margit Szápáry im Juli 1942: Ein NSDAP-Mitglied aus ihrer schlesischen Heimat schloss als „bevollmächtigter Güterdirektor" in ihrem Namen einen **Pacht-** und **Mietvertrag** mit dem NS-Reichsministerium für Wissenschaft, Erziehung und Volksbildung über Burg Finstergrün ab. Der Vertrag dazu wörtlich: „(Vollmacht wird nachgereicht)". Wieder liegt der Schluss nahe, dass – wie im Fall der Kreditangelegenheit – Übereinkünfte im Namen Margit Szápárys ohne ihre Einwilligung getroffen wurden. Zusammengefasst verlor Margit Szápáry zwischen 1939 und 1942 teilweise den Zugriff auf ihr Erbteil, einen Gutteil der kunsthistorisch bedeutenden Einrichtung der Burg und schließlich die Burg selbst.

Dass sich Margit Szápáry in dieser Zeit dem Regime gegenüber kritisch verhielt, lässt sich aus dem bisher Geschilderten erahnen. Ihre Geisteshaltung lässt sich anhand einiger ihrer **Sozialkontakte** im Zweiten Weltkrieg skizzieren: Kurt Schuschnigg (der Jolánta Szápáry einen Brief aus seiner KZ-Haft schmuggeln ließ), Vera Schuschnigg (die mit Gauverbot belegt war und dennoch die Szápárys besuchte), Franz Rehrl (ehemaliger Landeshauptmann, vorübergehend verhaftet), Heinrich Schwarzenberg (1943 Gestapo-Haft, dann KZ), Fürsterzbischof Sigismund Waitz (Verfasser NS-kritischer Hirtenbriefe, nach dem ‚Anschluss' unter Hausarrest gestellt). Sie war auch mit NS-kritischen Schriften vertraut, so beispielsweise mit jenen des deutschen Kardinals Clemens Graf von Galen, der öffentlich gegen die Rassen- und Kirchenpolitik des Nationalsozialismus auftrat. Anlässlich eines Aufenthalts in Ungarn im Winter 1940/41 brachte sie auch Bücher, welche im NS-Reich verboten waren, in die britische Botschaft. Deutschland war zu diesem Zeitpunkt mit Großbritannien bereits offiziell im Krieg, die Botschaft in Ungarn wurde aller Wahrscheinlichkeit nach von deutscher Seite überwacht. Bei ihrer Wiedereinreise in die ‚Ostmark' wurde das Gepäck Margit Szápárys beschlagnahmt, sie wurde aber nicht weiter belangt. Durch ihre oben genannten Sozialkontakte schuf sich Margit Szápáry einen regimekritischen herrschaftsfreien Raum, ein Netzwerk von vertrauensvollen freundschaftlichen Kontakten, die dem Nationalsozialismus ablehnend gegenüberstanden und sich gegenseitig in ihren Ansichten bestärkten. Das Lesen bzw. ‚Schmuggeln' regimekritischer Literatur kann ebenfalls als regimekritischer **sozialer Protest** interpretiert werden. Mit einer Aktion widersetzten sich Margit und Jolánta Szápáry ganz deutlich der Ideologie des Nationalsozialismus: Einen Sommer lang fand eine Jüdin, Katharina Freifrau von Künßberg (1883–1977), Versteck im Prem-Haus.

Ihr Engagement innerhalb der Gesellschaft und ihr Wirken für die Gemeinschaft machen Margit Szápáry zu einer verantwortlichen und verantwortungsvollen **Politikerin** im besten Wortsinn: In leitender Funktion gestaltete sie Arbeits- und Lebensbedingungen entscheidend mit – mitunter unter hohem eigenen finanziellen Aufwand, oft ohne persönlichen Nutzen. Für manche Facetten dieses Engagements und Wirkens erhielt sie schon zu ihren Lebzeiten **Auszeichnungen** und **Ehrungen**: den Sternkreuzorden (1903), die Ehrenmitgliedschaft der Gemeinde Ramingstein (1907), den Elisabethorden II. Klasse (1910), das Kriegskreuz für Zivilverdienste I. Klasse (1918) und das Goldene Ehrenzeichen für Verdienste um die Republik Österreich (1934). Heute hieße es in einem Begleitschreiben für eine Auszeichnung vermutlich „in Anerkennung ihrer Leistungen". Ohne eine Auszeichnung verleihen zu wollen: Auch bei nüchtern-sachlicher Betrachtung dieser Leistungen ist Anerkennung verdient.

Literaturhinweis
Die Darstellungen in diesem Beitrag sind ausführlich nachzulesen in meiner Diplomarbeit „Das caritative, soziale, religiöse und politische Wirken von Margit Gräfin Szápáry (1871–1943)" (Arbeitstitel), wo auch sämtliche Quellen- und Literaturbelege zu finden sind. Die Arbeit wurde am Institut für Kirchengeschichte und Kirchliche Zeitgeschichte der Karl-Franzens-Universität Graz unter der Betreuung von Univ.-Prof. Mag. Dr. Michaela Sohn-Kronthaler verfasst und steht unmittelbar vor dem Abschluss.

Von Magnaten, Diplomaten, Standesherren und einem Oscar: Genealogische Notizen zum familiären Umfeld von Margarete Gräfin Szápáry-Henckel-Donnersmarck

Peter Wiesflecker

Das Spätmittelalter, in das uns die Geschichte der Familie Henckel von Donnersmarck zurückführt, war in vielfacher Hinsicht eine Zeit des Überganges. Die Brüche dieser Zeitenwende spiegelten sich auch in der adeligen Welt wider. An die Stelle des alten Adels traten vielfach neue Geschlechter, die in Folge im Dienst des Landesherrn groß wurden und so zu Vermögen und Ansehen gelangten. Zu ihnen gehören auch die Henckel von Donnersmarck, deren Urheimat nicht Schlesien war, wo sie freilich durch Jahrhunderte ausgedehnten Besitz ihr Eigen nannten, sondern der Ort Donnersmarck in der Zips, die Teil des Königreichs Ungarn war (heute Spiš in der Slowakei).

Die Erstnennung der Familie verdanken wir einem Wappenbrief des ungarischen Königs Sigismund, damals zugleich Kaiser des Heiligen Römischen Reiches. Am 1. August 1417 erhielten die Brüder Peter, Jakob und Nikolaus Henkel de Quintoforo – Letzteres ist die Übersetzung für Donnersmarck – ein Wappen. Diesen Gnadenakt setzte der Fürst nicht im heimatlichen Ungarn, sondern in Konstanz, wo unter seinem Vorsitz das Konzil tagte, mit dem das abendländische Schisma beendet werden konnte. Wenngleich das Geschlecht der Donnersmarck sozusagen auf historischem Boden und anlässlich eines Ereignisses von Weltgeltung die Bühne der Geschichte betrat, blieb der Wirkungskreis vorerst bescheiden und auf das Gebiet der heimatlichen Zips beschränkt. Peter, den Stammvater aller künftigen Donnersmarck, finden wir 1424 als Bürger von Leutschau, seinen Enkel Georg II. in der zweiten Hälfte des 15. Jahrhunderts als Hofrichter des Bischofs von Erlau. Andere Familienmitglieder wurden Geistliche. Nikolaus, einer der Empfänger des Wappenbriefes von 1417, war Domherr im Zipser Ort Kirchdrauf, sein Neffe Nikolaus d. Jüngere absolvierte seine Studien in Krakau und wurde ebenfalls Domherr. Als Erster verließ Georgs II. Sohn Johannes (1481–1539) den Kreis der engeren Heimat auf Dauer. Als Doktor des weltlichen und kirchlichen Rechts wurde er Pfarrer in Kaschau und schließlich 1522 Hofkaplan des letzen Jagiellonenkönigs von Ungarn, Ludwigs II. Nach Ludwigs Tod bei Mohács (1526) trat Johannes in den Dienst der Königinwitwe Maria und wurde schließlich 1531 in das Breslauer Domkapitel berufen. Sein Bruder Konrad (1486–1542) stand in ungarischen Kriegsdiensten, dessen Sohn Johannes (1513–1565) in denen der einstigen ungarischen Königin und nunmehrigen Statthalterin der Niederlande Maria von Österreich. Für beide blieb jedoch Leutschau jener Ort, der dem ambulanten Leben eines Feldobristen oder Hofbeamten eine gewisse Stabilität zu geben vermochte. Wenngleich Johannes den Hofdienst quittierte, als Steuereinnehmer nach Leutschau zurückkehrte, wo er heiratete und Vater von elf Kindern wurde, waren doch erste und wichtige Kontakte zum habsburgischen Hof geknüpft, die der Familie künftig nur förderlich sein konnten. An der Wertschätzung des Hofes vermochte auch das evangelische Bekenntnis der Familie nichts zu ändern. Johannes' ältesten Sohn Lazarus (1551–1624) finden wir bereits in jungen Jahren in der Residenzstadt Wien. Vorerst blieb der junge Mann im vertrauten Metier eines Kauf- und Handelsherrn, heiratete die Kaufmannstochter Anna Ettinger, wurde 1581 Bürger von Wien und reüssierte in der Stadtverwaltung – so war er seit 1589 Mitglied des Inneren Rates. Seit 1603 war Lazarus auch Lehenspfandherr der schlesischen Herrschaften Beuthen, Tarnowitz und Oderberg, 1607 erhielt er eine erbländisch-österreichische Wappenbestätigung und wurde zum kaiserlichen Rat ernannt. Seit 1608 zählte man ihn zum Adel des Königreichs Böhmen. Zudem war er Herr der niederösterreichischen Herrschaften Gföhl und Wesendorf. 1611 folgte schließlich die Bestellung zum Wirklichen Rat und vier Jahre später zum kaiserlichen Direktor der Wiener Kaufmannschaft. Sein Sohn Lazarus II. (1573–1664) setzte den Aufstieg der inzwischen zum katholischen Glauben zurückgekehrten Familie weiter fort. In die Welt der Zahlen und des Kontors verwies nicht nur seine Funktion als kaiserlicher Kriegszahlmeister in den Jahren 1604 bis 1606, sondern auch noch seine erste Ehe mit Marie Jakobine, der Tochter des Handelsherrn Elias von Bayr, doch die bürgerliche Hantierung trat mehr und mehr zurück. Seit 1629 befanden sich die vom Vater erworbenen schlesischen Lehenspfandschaften im Erbeigentum der Familie, 1636 folgte die Erhebung in den Reichsfreiherrnstand. 1624 war Lazarus kaiserlicher Rat geworden; hochbetagt sollte er in der höfischen Hierarchie noch weiter steigen, als er 1651 als Kämmerer des Tiroler Landesfürsten Erzherzog Ferdinand Karl schließlich in den Reichs- und erbländischen Grafenstand erhoben wurde. 1661 wurde ihm auch der böhmische Grafenstand verliehen.

An den ehelichen Verbindungen lässt sich der Eintritt des Geschlechts in die adelige Gesellschaft gut nachzeichnen, denn an die Stelle geadelter Familie aus der Wirtschaft traten zunehmend solche des alten und hohen Adels. So war Lazarus II. in zweiter Ehe mit der Obersthofmeisterin der Tiroler Landesfürstin Erzherzogin Anna, Eleonora de Suarez, verheiratet. Familien wie die uradeligen Maltzan, die Gersdorff, die Grafen von Solms, Leiningen, Oppersdorf, Zierotin, Praschma, Dietrichstein oder Auersperg beschreiben die Heiratskreise der folgenden Generationen ebenso wie die fürstliche Familie Anhalt, in die Hedwig Sophie Henckel-Donnersmarck (1717–1795) einheiratete. Die Würde eines kaiserlichen Kämmerers oder die Verleihung des Sternkreuzordens an Damen des Hauses zeigen an, dass die Familie binnen weniger Generationen Teil der Hofgesellschaft geworden war und Spitzenpositionen bei Hof und in der Verwaltung einnahm. Wir durchmessen in rascher Folge die Generationen des ausgehenden 17. und des 18. Jahrhunderts, nennen stellvertretend für diese Lazarus' II. Urenkelin Anna Franziska (1677–1739), die als Witwe des mährischen Landeshauptmanns Franz Graf von Oppersdorf Obersthofmeisterin der Kaiserin Amalie wurde, deren Bruder Carl Joseph Erdmann (1688–1760), den Landeshauptmann der Herzogtümer Oppeln und Ratibor, die Hofdame der Kaiserin Elisabeth-Christine und Gemahlin des Obersthofmeisters Emanuel Desvalles, Marquis de Poal, Franziska Donnersmarck (1718–1790), den Prälaten des Wiener Domkapitels, Carl Johann (1727–1795). Mit Hugo I. (1811–1890) führen wir nicht nur eine Unternehmerpersönlichkeit des 19. Jahrhunderts in die Familiengeschichte ein, sondern auch Margit Szápárys Großvater.

Bis dahin hatte adeliges Engagement in Industrie und Wirtschaft als wenig standesgemäß gegolten. Hugo Henckel-Donnersmarck steht für jene seiner altadeligen Standesgenossen, die ihr Kapital in neue Wirtschaftsformen investierten. Nach Studien in Breslau und Berlin, seiner Heirat mit Laura Gräfin von Hardenberg (1812–1857) und der Übernahme des ausgedehnten väterlichen Besitzes, zu dem auch die Standesherrschaft Beuthen gehörte, widmete er sich vorerst der Landwirtschaft und Tierzucht. Sein Reitstall und seine Vollblutpferdezucht, die er 1875 auf seine ungarische Herrschaft Karlburg verlegen sollte, besaßen internationalen Rang. Am Beginn seiner industriellen Tätigkeit stand der Bau eines Puddling- und Walzwerkes in Laurahütte, die erste und größte Anlage dieser Art auf deutschem Gebiet, zu der Eisen- und Zinkhütten und ein Grubenbetrieb traten. Seit 1875 betrieb er auch die erste Zellulosefabrik Deutschlands. Das gewonnene Kapital wurde nicht ausschließlich in neue Industriezweigen investiert, sondern durchaus auch traditionell in weiterem Grundbesitz angelegt, darunter im Kärntner Lavanttal mit den Herrschaften Wolfsberg, Reideben, St. Leonhard, Waldenstein und Reichenfels. Doch auch dieser Besitz wurde nicht rein agrarisch genützt (wenngleich auch hier Hugos Interessen der Verbesserung der Land- und Forstwirtschaft galten und er zum Wegbereiter des Edelobstbaues in diesem Teil Kärntens werden sollte), sondern auch industriell, da mit den erworbenen Herrschaften auch Eisen- und Kohlebergbau sowie Hüttenwerke verbunden waren. Im Lavanttaler Frantschach entstand ebenfalls ein Puddling- und Walzwerk, in dem im Übrigen die ersten Panzerplatten Österreichs erzeugt wurden. An die Stelle des Frantschacher Montanbetriebes traten seit den frühen 1880er Jahren Zellstoffbetriebe, die bis 1920 im Besitz der Familie blieben. Keineswegs selbstverständlich für seine Zeit war Hugos soziales Engagement, das er bei der Führung seiner Betriebe zeigte.

Zentrum des ausgedehnten Kärntner Besitzes war Schloss Wolfsberg, das – dem Geschmack seiner Zeit entsprechend – im Tudorstil umgestaltet wurde. Die beeindruckende Anlage blieb bis in die Enkelgeneration Hugos in Familienbesitz und wurde dann verkauft. Das dortige Mausoleum erinnert an Hugos früh verstorbene erste Gemahlin Laura, die seinerzeit ihrem Mann zum Kauf der Kärntner Besitzungen geraten hatte. Die Nennung von Laura Hardenberg-Donnersmarck führt uns in die eigentliche Familiengeschichte zurück. Laura selbst verweist auf ein weit verzweigtes, uradeliges Geschlecht, das zu den Seinen den preußischen Staatsmann Karl August Fürst von Hardenberg ebenso zählt wie Georg Philipp Friedrich Freiherr von Hardenberg, der unter seinem Pseudonym Novalis als Dichter der deutschen Romantik bekannt ist. Lauras und Hugos Söhne setzten diesen Zweig der Donnersmarck fort. Hugo II. (1832–1908) wurde Herr der Herrschaft Brynnek-Siemianowitz, Lazarus IV. (1835–1914) Herr auf Naklo sowie Mitbesitzer auf Beuthen und Wolfsberg, Arthur (1836–1921), der bereits 1852 in Österreich naturalisiert worden war, fiel der Großteil des Kärntner Besitzes zu, zudem war er an Beuthen und weiteren Besitzungen der Familie beteiligt.

Ehe wir uns dem unmittelbaren Umfeld von Margit Szápáry zuwenden, sei noch kurz auf den von ihrem Onkel Lazarus IV. begründeten Zweig verwiesen. Dessen Sohn Edwin (1865–1929) verstärkte durch seine Heirat mit Wilhelmine Gräfin von Kinsky aus österreichischem Fürstenhaus nicht nur die Bindungen an die Hocharistokratie der Donaumonarchie, sondern begründete auch solche zu regierenden Häusern, da seine Frau diesem Zweig der Henckel-Donnersmarck u. a. verwandtschaftliche Verbindungen zum britischen, portugiesischen und belgischen Königshaus oder zu den Zaren von Bulgarien einbrachte. Es waren dies dynastische Allianzen, die im 20. Jahrhundert manche Erweiterung erfuhren, so etwa durch die Heirat von Edwins Enkel Carl Joseph (geb. 1928) mit Prinzessin Marie Adelheid von Luxemburg (1924–2007), der Tochter von Großherzogin Charlotte und Nichte von Österreichs letzter Kaiserin Zita, oder durch die Heirat von Margits Enkelin Yvonne Szápáry mit Prinz Karl von Hessen. Der ohnehin nur kursorische Blick auf diesen Zweig der Familie wäre nicht vollständig, würde man nicht zwei Mitglieder der Familie nennen, die zu den prominentesten Trägern des Namens Henckel-Donnersmarck unserer Tage zählen, nämlich den Abt des österreichischen Zisterzienserstiftes Heiligenkreuz und Generalabt der österreichischen Zisterzienserkongregation Gregor Henckel-Donnersmarck (geb. 1943) und dessen Neffen Florian (geb. 1973), Oscar-Preisträger des Jahres 2007.

Der Donnersmarcksche Besitz erfuhr durch die Heirat von Margit Szápárys Vater Hugo II. mit der aus polnischem Adel stammenden Wanda Gräfin von Gaschin (1837–1908) eine bedeutende Erweiterung, die sich auch in der Namensführung widerspiegelte, denn zu Wandas Erbe, die im Übrigen nicht nur eine Dame von Welt und Geld war, sondern auch die Selbstverständlichkeit und das Auftreten einer polnischen Magnatin besaß, gehörte der ausgedehnte Besitz Gaschin. Seit 1911 führte der jeweilige Inhaber der Herrschaft Gaschin aus der Familie Henckel-Donnersmarck Namen und Titel eines Grafen von Henckel-Gaschin. Der erste war Hugos und Wandas jüngerer Sohn Edgar (1859–1939), der nicht nur den umfangreichen Besitz seiner Mutter geerbt hatte, sondern auch seinem Vater im Besitz von Brynnek und den Anteilen an Beuthen und Wolfsberg gefolgt war. Ebenso wie seine Schwestern Margit und Irmgard (1872–1940) – Letztere wurde 1901 die Frau des k. u. k. Kämmerers Eberhard Freiherrn von Pach zu Hansenheim und Hoheneppan aus alter Tiroler Familie (1875–1923) – verwies er durch seine Heirat mit Karoline (1871–1937), der Tochter des k. u. k. Generals der Kavallerie Ludwig Prinz zu Windisch-Graetz,

Abb. 11 Margit Gräfin Henckel von Donnersmarck (um 1899)

in den Adel der alten Donaumonarchie. Obwohl als Erbe des väterlichen Besitzes vorgesehen, ließ Margits älterer Bruder Hugo III. (1857–1923) seinem jüngeren Bruder den Vortritt, da er aus seiner Ehe mit Anna von Fabrice (1854–1905), der Tochter eines königlich-sächsischen Generals und Staatsministers, keine männlichen Nachkommen besaß. Unverheiratet blieben zwei Schwestern Margits, Sara (1858–1934) und die an der Schwelle zum Erwachsenenalter verstorbene Ellinor (1864–1884).

Mit Margits Neffen Hans (1899–1993), dem letzten Grafen von Henckel-Gaschin, der nach dem Verlust des Besitzes nach Südamerika ausgewandert war, ist dieser Zweig der Familie im Mannesstamm erloschen. In weiblicher Linie wird er heute u. a. von Margits Großnichte Wilhelmine Gräfin Wolff-Metternich zur Gracht repräsentiert, einer Tochter von Karl Henckel-Donnersmarck (1895–1940), dem der alte Familienbesitz Brynnek zugefallen war.

Durch ihre Heirat mit dem k. u. k. Kämmerer Alexander (Sándor) Graf Szápáry (1858–1904) wurde Margit Henckel-Donnersmarck Mitglied einer Familie des ungarischen Hochadels, die erstmals im 13. Jahrhundert auftritt. Stammvater dieses uradeligen Geschlechts, das 1690 die

Abb. 12 Jolánta und Béla Szápáry

Baronie und 1722 den ungarischen Grafenstand erhalten sollte, ist Georg Szápáry (um 1527 – um 1592), den sein Schicksal in die bewegten Zeiten kriegerischer Auseinandersetzungen zwischen den Osmanen, die einen Gutteil des Landes besetzt hielten, und den Habsburgern, die 1526 das Erbe der Jagiellonen angetreten hatten, hineingestellt hatte. So verwundert es kaum, dass wir in den folgenden Generationen immer wieder Mitglieder der Familie in habsburgischen Kriegsdiensten finden. Zur Legende sollte das Schicksal von Peter Szápáry (1630–1702) werden, der einige Jahre in türkischer Gefangenschaft zubringen musste. Bekannt ist vor allem die Darstellung, die ihn in einen Pflug eingespannt zeigt. Der Dienst an der habsburgischen Sache wurde 1690 mit der Verleihung der Baronie an Peter gewürdigt.

Mit dieser und der Erhebung in den Grafenstand weiteten sich auch die Heiratskreise des Geschlechts. In den folgenden Generationen finden wir die Szápárys mit einer Vielzahl großer Familien der Donaumonarchie verwandtschaftlich verbunden, wobei der Kreis nicht auf die alten Familien der Stephanskrone beschränkt blieb. Um diesen Kreis zumindest ein wenig zu beschreiben, sei auf Namen wie Batthyány, Clary-Aldringen, Welser-Welserheimb, Gaisruck, Stürgkh, Latour, Andrássy, Erdödy, Esterházy, Grünne, Windisch-Graetz oder Auersperg verwiesen. Zwei Verbindungen des 20. Jahrhunderts mögen noch kurz Erwähnung finden, ehe wir noch einen – wiederum nur kursorischen – Blick auf Familienmitglieder in Spitzenpositionen in Militär, Politik, Verwaltung und Diplomatie werfen. Prinz Karl von Hessen, ein Neffe des britischen Prinzgemahls Prinz Philip und Ehemann von Margits Enkelin Yvonne, verweist als Urenkel einer britischen, russischen und hessischen, Enkel einer preußischen und Sohn einer griechischen Prinzessin auf einen Gutteil der regierenden Häuser Europas. Eine weitere Verbindung zum britischen Königshaus kam durch die Heirat von Marie-Christine von Reibnitz, der Tochter von Maria Anna Gräfin Szápáry, mit Prinz Michael von Kent, einem Cousin der Queen, zustande.

Stammvater aller heute lebenden Träger des Namens Szápáry ist Joseph Graf Szápáry (1754–1822). In der Reihe von Josephs Nachkommen nimmt sein Enkel Julius (Gyula) (1832–1905) als ungarischer Ministerpräsident, Finanz- und Innenminister einen besonderen Platz ein. Seine Karriere in habsburgischen Diensten krönte Kaiser Franz Joseph I. mit der Verleihung des Ordens vom Goldenen Vlies. Julius war das bisher einzige Mitglied der Familie, das in diesen wohl exklusivsten Ritterordens des alten Europa aufgenommen wurde. Mehrere Grafen Szápáry standen im diplomatischen Dienst des alten Österreich, waren Gouverneure von Fiume/Rijeka oder machten als Militär Karriere. Nahezu alle männlichen Mitglieder der Familie Szápáry in den letzten Jahrzehnten des alten Österreichs waren k. u. k. Kämmerer, etliche von ihnen, vor allem jene, die in Diplomatie, Politik oder Verwaltung reüssiert hatten, zudem auch k. u. k. Geheime Räte. Die Damen der Familie wurden von der Kaiserin zumeist mit dem Sternkreuzorden ausgezeichnet. Dies galt für Margit ebenso wie für ihre Schwiegermutter Gabriele oder ihre Schwägerin Helene (1859–1934). Zu den Spitzendiplomaten der Donaumonarchie zählte Friedrich Szápáry (1869–1935), der 1913 zum österreichisch-ungarischen Botschafter am Zarenhof ernannt wurde. Als Gesandten am Hof von St. James finden wir mit Ladislaus Szápáry (1864–1929) ein weiteres Mitglied der Familie, welches das Königreich Ungarn von 1922 bis 1924 in London vertrat. Aus der Welt der Diplomatie möge hier noch eine familiäre Allianz nachgetragen werden. Ursula von Richthofen, die Schwiegertochter Margits, war in erster Ehe die Gemahlin des niederländischen Gesandten in Budapest Godert-Willem Baron de Vos van Steenwijk und heiratete nach dessen Tod Béla Szápáry. In die Welt der Militärs verweisen nicht nur zahlreiche Grafen Szápáry, darunter auch Margits Mann Sándor (1858–1904), wenngleich dieser seine Karriere schon als Rittmeister beendete, sondern auch die Familie von Ursula Freiin von Richthofen (1907–2002), die 1942 Margits Sohn Béla (1901–1993) heiraten sollte. Prominentester Vertreter dieses weit verzweigten Geschlechts war wohl Manfred Freiherr von Richthofen, der berühmte Jagdflieger des Ersten Weltkrieges.

Diese Streiflichter zur Geschichte der Familien Henckel-Donnersmarck und Szápáry erlauben einen Blick auf die adelige Welt des alten Europa und beschreiben zugleich den familiären Rahmen der „Gräfin vom Lungau".

Literaturhinweise
Adelslexikon Bd. I (1972) bis XIV (2003).
BLINZER Christian, Das caritative, soziale, religiöse und politische Wirken von Margit Gräfin Szápáry (1871–1943), Diplomarbeit Graz (in Vorbereitung).
DONADELLO Claude-André, Les comtes Szápáry, Barons de Muraszombath, Seigneurs de Széchysziget et Szapár. Histoire, généalogie, état en l'an 2003, Montluçon 2003.
Genealogisches Handbuch des Adels, Gräfliche und Freiherrliche Häuser.
Gothaische Taschenbücher der gräflichen und freiherrlichen Häuser.

Stammtafel Szápáry (Auszug)

Joseph Graf Szápáry (1754 – 1822)
verm. 2. 1799 mit Johanna Gräfin von Gatterburg (1779 – 1812)

Franz (1804 – 1875)
verm. 1825 mit Rosalie Almásy de Zsádany (1806 – 1887)

Ladislaus (1831 – 1883)
General der Kavallerie
verm. 1862 mit Maria Gräfin von Grünne (1835 – 1906)

Friedrich (1869 – 1935)
k.u.k. Botschafter in St. Petersburg
verm. 1908 mit Hedwig Prinzessin von Windisch-Graetz (1878 – 1918)

Maria Anna (1911 – 1988)
verm. 1. 1941 mit Günther-Hubertus Freiher von Reibnitz (1894 – 1983)

Marie Christine Freiin von Reibnitz (geb. 1945)
verm. 1. 1971 – 1977 Thomas Troubridge (geb. 1939)
verm. 2 1978 Michael Prinz von Großbritannien (geb. 1942)

Kasimir (1802 – 1883)
verm. 1826 – 1847 mit Auguste Gräfin Keglevich (1808 – 1879)
[verm. 2. Karl Graf Zichy]

Stephan (1829 – 1902)
verm. 1854 mit Barbara Gräfin Ráday (1835 – 1908)

Tibor (1865 – 1928)
k.u.k. Gesandter

Geza (1828 – 1898)
Oberhofmeister
verm. 1861 mit Maria Gräfin Györy von Rádvany (1840 – 1908)

Alexander (1801 – 1840)
verm. 1827 mit Franziska Gräfin Apponyi (1807 – 1869)

Adalbert (1829 – 1870)
verm. 1857 mit Gabriele Atzél de Borosjenö (1834 – 1912)

Alexander (1858 – 1904)
k.u.k. Rittmeister
verm. 1900 mit **Margarete Gräfin Henckel von Donnersmarck** (1871 – 1943)

Ladislaus (1864 – 1939)
Gouverneur v. Fiume, kgl. ung. Gesandter in London

Paul (1873 – 1917)
Gouverneur von Fiume

Jolánta (1903 – 1987)

Béla (1901 – 1993)
verm. 1942 mit Ursula Freiin von Richthofen (1907 – 2002)

Yvonne (geb. 1944)
verm. 1966 mit Karl Prinz von Hessen (geb. 1937)

Joseph (1779 – 1871)
verm. 1830 mit Anna Freiin von Orczy (1810 – 1879)

Julius (1832 – 1905)
Kgl. ung. Ministerpräsident
verm. 1864 mit Georgine Gräfin Festetics (1840 – 1919)

Lorenz (1866 – 1919)
k.u.k. Gesandter

Joseph (1867 – 1927)
Obersthofmeister

Stammtafel Henckel-Donnersmark (Auszug)

Hugo I. Graf Henckel von Donnersmark (1811 – 1890)
verm. 1.) 1830 Laura Gräfin von Hardenberg (1812 – 1857)

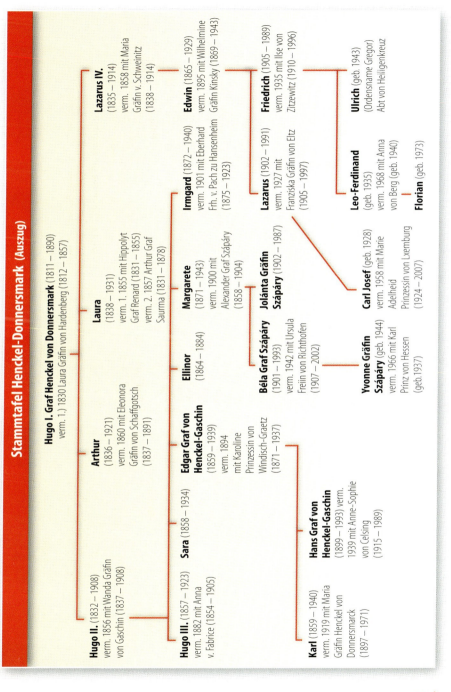

Hugo II. (1832 – 1908)
verm. 1856 mit Wanda Gräfin
von Gaschin (1837 – 1908)

Arthur
(1836 – 1921)
verm. 1860 mit Eleonora
Gräfin von Schaffgotsch
(1837 – 1891)

Laura
(1838 – 1931)
verm. 1. 1855 mit Hippolyt
Graf Renard (1831 – 1855)
verm. 2. 1857 Arthur Graf
Saurma (1831 – 1878)

Lazarus IV.
(1835 – 1914)
verm. 1858 mit Maria
Gräfin v. Schweinitz
(1838 – 1914)

Hugo III. (1857 – 1923)
verm. 1882 mit Anna
v. Fabrice (1854 – 1905)

Sara (1858 – 1934)

**Edgar Graf von
Henckel-Gaschin**
(1859 – 1939)
verm. 1894
mit Karoline
Prinzessin von
Windisch-Graetz
(1871 – 1937)

Ellinor
(1864 – 1884)

Margarete
(1871 – 1943)
verm. 1900 mit
Alexander Graf Szápáry
(1858 – 1904)

Irmgard (1872 – 1940)
verm. 1901 mit Eberhard
Frh. v. Pach zu Hansenheim
(1875 – 1923)

Edwin (1865 – 1929)
verm. 1895 mit Wilhelmine
Gräfin Kinsky (1869 – 1943)

Karl (1859 – 1940)
verm. 1919 mit Maria
Gräfin Henckel von
Donnersmarck
(1897 – 1971)

**Hans Graf von
Henckel-Gaschin**
(1899 – 1993) verm.
1939 mit Anne-Sophie
von Celsing
(1915 – 1989)

Béla Graf Szápáry
(1901 – 1993)
verm. 1942 mit Ursula
Freiin von Richthofen
(1907 – 2002)

**Jolánta Gräfin
Szápáry** (1902 – 1987)

Lazarus (1902 – 1991)
verm. 1927 mit
Franziska Gräfin von Eltz
(1905 – 1997)

Friedrich (1905 – 1989)
verm. 1935 mit Ilse von
Zitzewitz (1910 – 1996)

**Yvonne Gräfin
Szápáry** (geb. 1944)
verm. 1966 mit Karl
Prinz von Hessen
(geb.1937)

Carl Josef (geb. 1928)
verm. 1958 mit Marie
Adelheid
Prinzessin von Lxemburg
(1924 – 2007)

Leo-Ferdinand
(geb. 1935)
verm. 1968 mit Anna
von Berg (geb. 1940)

Florian (geb. 1973)

Ulrich (geb. 1943)
(Ordensname Gregor)
Abt von Heiligenkreuz

„Mit richtigem Blick und tadelloser Wiedergabe": Das künstlerische Talent von Margit Gräfin Szápáry

Reinhard Simbürger

Der erste auffällige Aspekt im Zusammenhang mit dem kreativen Schaffen von Margit Comtesse Henckel von Donnersmarck ist, dass schon in jüngsten Jahren das Bildnerische zu ihrem gefestigten Ausdrucksrepertoire gehörte. Ihre Weihnachts- und Geburtstagswunschlisten beinhalteten meist Stifte, Papier, Tinte, Leim, Zeichenblock und dergleichen. Was sich in ihrer nächsten Umgebung befand, malte die junge Comtesse: Offiziere, Soldaten, Pferde mit und ohne Reiter, Hunde, den Gärtner bei der Arbeit und immer wieder Hütten, Häuser, Burgen und Schlösser.

Schickte sie Briefe an ihre Mutter, so waren diese in der Regel mit kleinen Zeichnungen und Malereien versehen. Oft schnitt die kleine Margarete einzelne Figuren ihrer Arbeiten sorgfältig aus und arrangierte sie zu neuen, vielfältig bunten Collagen. Außergewöhnlich ist die Beobachtungsgabe und Detailgenauigkeit, mit der die einzelnen Teile gezeichnet sind. Die ausgeschnittenen und aufgeklebten Figuren, oft nur wenige Zentimeter groß, sind manchmal vorne und hinten bemalt. Manche Türen und Fenster in diesen fein gearbeiteten Collagen kann man öffnen, um zu sehen, was sich dahinter verbirgt. Einige Figuren sind sogar mit winzigen Stickereien versehen. Man sieht hier die ausdrucksvollen Arbeiten eines Kindes, das sich, in Anlehnung an die ‚große' Welt, die es umgibt, liebevoll eine kleine, eigene Welt mit Pinsel und Bleistift erschafft.

Margarete hatte, wie für Adelige dieser Zeit üblich, Privatunterricht für ihre Ausbildung. Aus einem Zeugnis des Jahres 1889 geht hervor, dass die gelehrige Schülerin in den Fächern Zeichnen und Malen von einer gewissen Antonie von Khaynach unterrichtet wurde. Die schriftliche Beurteilung lautete: „Es verbindet sich mit richtigem Blick und tadelloser Wiedergabe des Vorbildes eine hübsche Anlage zum Zeichnen nach der Natur."

Am Beispiel einer Blumenzeichnung (datiert mit Oktober 1883) wird klar er-

Abb. 13 Collage (ca. 1876/77)

Abb. 14 Glockenblumen (1883) und Hund (1884)

sichtlich, was mit „tadelloser Wiedergabe des Vorbildes" gemeint ist: Die einzelnen Blattadern, Blüten und Knospen sind fein und überaus genau gezeichnet. Die Schatten der Pflanzen sind nicht verwischt, um einen Effekt zu erzeugen. Der Effekt entsteht vielmehr dadurch, dass Margit hier mit sehr fein gespitztem Bleistift Linie an Linie legte um einen hell-dunkel Eindruck entstehen zu lassen. Das Bild mutet fast fotorealistisch an, dabei muss man bedenken, dass Margit beim Zeichnen dieses Bildes erst zwölf Jahre alt war. Die Art und Weise, wie die Blumen arrangiert sind, lassen darauf schließen, dass die Zeichnung mit Glockenblumen nach einer Vorlage angefertigt wurde. Ähnliches gilt für mehrere Hundestudien (datiert mit September 1884): Eine davon zeigt das Tier geduckt und in körperlicher Anspannung. Einige Muskelpartien sind dementsprechend stärker herausgearbeitet, Strukturierungen sind wiederum schattiert.

Zur Zeit der jungen Margit Comtesse Henckel von Donnersmarck gab es verschiedene Lehrbücher, mit denen man Zeichnen regelrecht erlernen konnte. Diese Ausgaben beinhalteten neben Hinweisen über den Gebrauch von Bleistift und Kohle auch umfangreiche gezeichnete Vorlagen von Ornamenten, Pflanzen, Bäumen und Landschaften, Tieren, Gebäuden, Militär und perspektivischem Zeichnen. Margit dürfte derartige Bücher besessen haben. In diesem Zusammenhang fällt auf, dass sie, dem vorliegenden Material nach zu urteilen, im Hinblick auf die Themen ihrer Arbeiten mit der Zeit eine besondere Vorliebe für Gebäude und Landschaften entwickelte.

Bei dem Bild einer Straßenszene (datiert mit 1886) legte die nun Fünfzehnjährige, wie schon in frühesten Bildern, außerordentlichen Wert auf das Detail. Die Fachwerkbauten des nur zehn mal siebzehn Zentimeter großen Bildes sind beispielsweise äußerst genau und fein gezeichnet. Zur Veranschaulichung: Die Holztür im ersten Stock des hinteren Gebäudes ist nur vier Millime-

Abb. 15 Straßenszene (1886)

ter breit und hat sieben Bretter mit Querlattung und Scharnier. Trotzdem zerfällt das Bild nicht (wie oft in so einem Fall) in viele Details, sondern hinterlässt auch als Ganzes einen fast meisterlichen Eindruck.

Während des Baus von Burg Finstergrün in Ramingstein wohnten Sándor und Margit Szápáry zeitweise bei der befreundeten Familie Wilczek auf Schloss Moosham bei Unternberg. In dieser Zeit entstanden viele Aquarelle und Zeichnungen vom Wilczek'schen Schloss. Einzelne Zimmer, Einrichtungen, die Höfe, Türme, Detail- und Gesamtansichten, sogar ein Hirsch, der sich in den kleinen Teich vor dem Schloss verirrt hatte, wurden von der Gräfin auf Papier festgehalten. Meist sind die Darstellungen gewohnt detailgenau, jedoch sieht man immer öfter Experimentierfreudigkeit und Offenheit in der Technik und im Stil.

Abb. 16 Moosham

Abb. 17 Baumskizze und Burghof Finstergrün

In den zwanziger und dreißiger Jahren entstanden die vollendetsten Bilder von Margit Szápáry. Mit nun virtuosem Pinselstrich malte sie Aquarelle, die sich nicht mehr mit dem Detail beschäftigten, sondern das Dargestellte großzügig und großflächig zu Papier brachten. Man vermag hierbei durchaus einen (im Sinne der Zeit) expressiven Stil zu erkennen.

Die Art und Weise, wie Margit Gräfin Szápáry mitunter die Blätter gestaltete, weisen darauf hin, dass sie keinerlei Ambitionen hatte, ihre Werke der Öffentlichkeit zu präsentieren. Oft mischte sie die Farben direkt am Blatt neben der Malerei, meist ist auch die Rückseite der Blätter bemalt. In dieser Hinsicht wiederholt sich eine Arbeitsweise, die Margit Gräfin Szápáry schon als junge Comtesse betrieb, als sie Zeichnungen ihrer frühen Collagen mitunter vorne und hinten bemalte. Gelegentlich sind auf einem Blatt mehrere Bilder, manchmal, wie im hier gezeigten Fall, sogar spiegelbildlich. Einmal sieht man einen Burghof von Finstergrün Richtung Nordosten; dreht man das Blatt, so sieht man auch geografisch in die andere Richtung, nach Südwesten in die Nockberge.

Vom kindlichen künstlerischen Schaffen über die naturalistischen Studien in den frühen Jugendjahren bis hin zu den expressiven Spätwerken wird deutlich, dass sich Gräfin Szápáry über all die Jahre ihre künstlerische Ausdruckskraft erhalten hat. Auch während ihres Aufenthalts in Südtirol 1938, wo sie sich während des ‚Anschlusses' Österreichs an das Deutsche Reich aufhielt, stellte sie das Malen nicht ein. Bedenkt man, welche umfassenden Leistungen diese Frau erbracht hat, welcher diesbezügliche Aufwand an Zeit und Energie von Nöten war, so ist es oft verwunderlich, dass ihr noch Raum für dieses zeitintensive Hobby, für ihr künstlerisches Schaffen blieb. Ganz offensichtlich schöpfte sie aus dieser Tätigkeit eine große Kraft.

Erinnerungen an die „Tschawari-Gräfin"

Annemarie Indinger

Wenn ich an Margit Gräfin Szápáry denke, muss ich weit zurück in meine Kindheit schauen. Es war die Zeit vor dem Zweiten Weltkrieg. Da ich eben damals noch ein Kind war, möchte ich meine Erinnerungen an „die Gräfin" auch aus dem Blickwinkel eines Kindes erzählen.

Vor meinen Augen taucht die Gestalt der Gräfin auf, wie sie bei der Haltestelle St. Leonhard in Tamsweg auf den Zug nach Ramingstein wartet. Ganz einfach gekleidet, vielleicht noch einfacher als so manche Bürgersfrau, denn sie trug Sommer wie Winter den gleichen Kittel, darüber eine Lodenjacke und meistens einen Hut, unter dem die grauen Haarsträhnen hervorschauten. Für uns Murgassen-Kinder war ja die Haltestelle ein bevorzugter Spielplatz, gab es dort neben den Vogelbeerbäumen, auf denen wir gerne herumkletterten, viele Bankerl und natürlich die Leute, die auf den Zug warteten. Besonders angetan hatte es uns der Zug um 5 Uhr Nachmittag. Diesem wurde der Postwaggon angehängt. Viele Geschäftsleute schickten ihre Lehrmädchen und Lehrbuben mit Packerln und der Geschäftspost zu diesem Zug. Auch ich musste manchmal einen eiligen Brief beim Postschlitz in den Waggon werfen.

Meistens warteten auch viele Ramingsteiner und Ramingsteinerinnen auf den Zug, die zum „Auslagenschauen", wie wir spöttisch behaupteten, nach Tamsweg gekommen waren. Auch Gräfin Szápáry war für uns eine bekannte Gestalt. Wir nannten sie die „Tschawari-Gräfin" und bekamen auf unser „Grüß Gott, Frau Gräfin!" immer ein freundliches „Grissi Gott, Grissi Gott!" zur Antwort. Nun warteten wir gespannt auf den Griff in den tiefen Kittelsack – und richtig: Eine Rippe Schokolade kam zum Vorschein, von der sie herzhaft abbiss und den Rest schnell wieder im Kittelsack verschwinden ließ. Ein kleiner brauner Fleck war dann manchmal an ihrem Mundwinkel erkennbar. Manche Leute behaupteten, es käme vom Kautabak – wir Kinder aber wussten es besser! Wenn wir dann dem davonfahrenden Zug nachwinkten, dachten wir uns oft: „Wenn wir Gräfin wären, würden wir die Rösser einspannen lassen und mit der Kutsche fahren, nicht mit dem Zug." Das Bild, das wir uns in unserer kindlichen Fantasie von einer Adeligen, ja gar von einer Gräfin machten, entsprach so gar nicht dem, wie Gräfin Szápáry auftrat.

Einmal durfte ich mit meiner Tante Anna Guggenberger, die mit der Gräfin gut befreundet war, nach Ramingstein fahren, um einen Besuch auf der Burg Finstergrün zu machen. Ich war sehr aufgeregt, hoffte ich doch, endlich einen Einblick in den wahren Glanz eines gräflichen Lebens zu erhaschen und zu erfahren, was sich hinter dem einfachen Lodengewand verbarg. Zu Fuß gingen wir den Weg zur Burg hinauf. Meine Tante, die öfter hier zu Besuch war, wusste Bescheid. Sie führte mich zum hinteren Burgtor und durch ein kleines Türchen im großen Tor in den Burghof hinein. Dort durfte ich mit einem eisernen Türklopfer dreimal an eine Holztür klopfen. Es war lange ruhig. Dann hörte ich schlurfende Schritte und als die Tür sich knarrend öffne-

Abb. 18 Weihnachtsfeier für Kinder in Tamsweg (1930er Jahre)

te, stand die Gräfin vor mir: im gleichen Lodengewand wie immer, nur diesmal ohne Hut, eine brennende Kerze in der Hand. Hinter ihr tat sich ein langer, dunkler Gang auf. Durch diesen folgten wir ihr in eine große Küche, den einzigen Raum in der Burg, der halbwegs warm war. Mit einer Tasse Kakao spülte ich meine Enttäuschung hinunter.

Gräfin Szápáry kam auch manchmal in unser Haus in der Murgasse. Ihr Besuch galt meiner Tante Anna. Bei einem Gespräch der beiden hörte ich auch immer wieder das Wort „KFO". Neugierig, wie ich war, fragte ich meine Tante, was das hieße und sie erklärte mir, dass das eine Frauenorganisation sei. „Weißt schon", erklärte sie mir, „das sind die Frauen, die den armen Leuten helfen und für sie zu Weihnachten die Packerl machen." Das wusste ich natürlich, denn ich half ja selber eifrig mit, wenn die großen Papiersäcke mit Keksen, Äpfeln und Nüssen gefüllt wurden. Nikolaus und Krampus brachten sie dann zu den bedürftigen Kindern. Auch für die sogenannte „Turnerweihnacht", die Feier des Christlich-Deutschen Turnvereins, wurden Wäschekörbe mit Keksen, Zucker, Malzkaffee und anderen Lebensmitteln gefüllt. Um dies alles kaufen zu können, hat Gräfin Szápáry immer viel gespendet. Sie war bei den Aufführungen im Lüftenegger-Saal (Platzbräu am Marktplatz) auch selber immer anwesend. Als ich einmal als Christkind verkleidet beim Packerlausteilen helfen durfte, hat sie meine Wange getätschelt und gesagt: „Brav, brav, Mäderl." Ein Foto von dem „Christkindl" klebt in meinem alten Fotoalbum. Es gab auch noch einen Anlass, zu dem die Gräfin öfter in unser Haus kam. Der damalige Landeshauptmann Dr. Franz Rehrl war ein guter Freund meiner Eltern und Tanten und verbrachte gerne ein paar Tage bei uns. Er wohnte dann im sogenannten „Landespapazimmer", das sich in unserem Dachboden befand. Wenn er kam, trafen sich viele Leute bei uns und darunter war auch Gräfin Szápáry. Sie redeten viel für mich Unverständliches und ich wartete sehnsüchtig auf das Ende der Besprechung, denn der „Landespapa" und die Gräfin hatten immer ein Sackerl Zuckerln für mich dabei.

Nach dem Umsturz 1938 habe ich Gräfin Szápáry nie mehr gesehen. Dafür besuchte uns ihre Tochter Jolánta des Öfteren und berichtete, wie es ihrer Mutter ging und wo sie sich aufhielt. Als sie wieder einmal kam, tat sie sehr geheimnisvoll. Die Vorhänge wurden zugezogen und die Haustüre abgesperrt. Nun zog Jolánta einen Brief aus der Tasche und flüsterte: „Von Schuschnigg." Erschrocken bemerkten sie, dass ich anwesend war. Ich musste hoch und heilig versprechen, niemanden etwas zu erzählen, was ich gehört und gesehen habe. Was in dem Brief stand, habe ich nie erfahren. Für mich war klar, es muss etwas sehr Trauriges gewesen sein, weil alle weinten.

Im Jahr 1950 kam ich als junge Lehrerin an die Volksschule Ramingstein und wurde wieder an „die Gräfin" erinnert. Wir Lehrerinnen und Lehrer hielten uns gerne im Premgut bei „Moizl", der damaligen Wirtschafterin, auf. Dort wohnte auch die nunmehrige „Gräfin", Jolánta Szápáry. In einem Nebengebäude befanden sich viele alte Möbelstücke aus der Burg Finstergrün. Jolánta Szápáry schenkte mir von diesen Sachen einen großen, runden Tisch, damit ich in meiner Klasse eine Leseecke einrichten konnte.

Auch Platzer Anna lernte ich damals kennen, eine schwer körperbehinderte Frau mit Klumpfüßen. Sie hätte sicher ihr Leben abseits der Gesellschaft verbringen müssen und hätte auch nur eine beschränkte Volksschulausbildung bekommen, hätte es nicht Gräfin Margit Szápáry gegeben. Diese erkannte den wachen Geist und die geschickten Hände dieses behinderten Mädchens und ermöglichte ihm den Besuch einer Haushaltungsschule. Nach dem Abschluss ihrer Ausbildung unterrichtete Anna an der Landwirtschaftlichen Berufsschule in Ramingstein Kochen und Nähen. Ihre Torten für das Frühstück der Erstkommunionkinder in Ramingstein waren berühmt. Anna war in Ramingstein eine angesehene und beliebte Frau und viele junge Leute waren stolz darauf, sie als „Firmgota", als Firmpatin zu gewinnen.

Meine Erinnerungen an Gräfin Margit Szápáry enden hier. In mir wach geblieben ist das Bild einer mutigen Frau, die schlicht und einfach lebte und für die Anliegen der Menschen ein offenes Ohr und offene Hände hatte. Für viele Menschen im Lungau, die sich in einer besonderen Notlage befangen, waren folgenden Worte ein Hoffnungsschimmer: „Geh halt zur Tschawari-Gräfin."

Burg Finstergrün – Von der Grenzburg zur Jugendburg

Anja Thaller

Denn alle Balken und Decken,
Sie sind schon lange verbrannt,
Und Trepp und Gang und Kapelle
In Schutt und Trümmer verwandt.
(J. W. v. Goethe, Bergschloss)

Burg Finstergrün liegt im äußersten Südosten des Lungaus auf einem steilen, felsigen Geländesporn oberhalb des Ortes Ramingstein auf ca. 1.050 m. Durch das Murtal führt hier eine wichtige Verkehrsverbindung in Richtung Steiermark und schon zur Römerzeit gab es hier eine Straße, die Virunum (Magdalensberg bzw. Zollfeld) über Immurium (bei Moosham im Lungau) mit Iuvavum (Salzburg) verband.

Abb. 19 Ansicht von Ramingstein mit der Passmauer und dem alten Schloss Finstergrün. Kolorierte Radierung von Johann Schindler nach Carl Ludwig Viehbeck (um 1820)

Es handelt sich bei Finstergrün um eine für das Hochmittelalter (11.–13. Jh.) typische Turm- bzw. Höhenburg. Wahrscheinlich wurden die Steine für den Bau dieser nur für eine Familie konzipierten Kleinburg vom benachbarten Berg gewonnen. Erreichbar war sie ursprünglich über einen Weg, welcher viel steiler war als der heutige. Ihre Lage am östlichen, abgeflachten Teil eines Felssporns könnte auf eine gegen Westen vorgelagerte kleine Wehranlage bzw. einen Vorposten hinweisen, wovon heute allerdings nichts mehr zu sehen ist.

Die Burg liegt an einer Talenge, was darauf schließen lässt, dass eine ihrer Funktionen in der Sicherung der Grenze bestand. Wo alte Straßen die Landesgrenzen überschritten, finden sich oft Klausen oder Talsperren. Finstergrün diente also der Überwachung von Handel und Stra- ßenverkehr an einer Mautstelle der Lungauer Ostgrenze. Die Passmauer führte von der Burg abwärts, östlich an der Kirche vorbei bis zur Mur. Als Salzburg 1816 an die Habsburger fiel, verlor die Mautstelle Ramingstein ihre Funktion. Der Brand von 1841 zerstörte auch das Mauthaus und heute finden sich nur mehr bescheidene Mauerreste im Wald unterhalb der Burg.

Das Gebiet von Ramingstein und Kendlbruck dürfte aller Wahrscheinlichkeit nach zwischen 1190 und 1301 an Salzburg gekommen sein, vorher gehörte es zum Herzogtum Kärnten. Der Lungau war kirchenrechtlich Teil eines Kärntner Archidiakonats; um 1450 gehörten Raming- stein und Kendlbruck zur Pfarre Stadl/Mur (die dem Erzstift Salzburg unterstand). Die Abtren- nung Ramingsteins von Stadl und die Errichtung einer eigenen Pfarre erfolgten erst 1793.

Eine Burg war nicht nur Wehrbau, sondern auch Mittelpunkt der grundherrlichen und lan- desfürstlichen Verwaltung und natürlich adeliger Wohnsitz. Im Erzbistum Salzburg wurden Burgen nicht – wie sonst vielerorts üblich – als erbliche Lehen an niedrige Adelige vergeben, sondern mit erzbischöflichen Pflegern besetzt. So konnte sie der Erzbischof als Lehensherr un- mittelbar kontrollieren und es bestand für diesen auch keine Gefahr, dass die Burgen durch Vererbung unter eine fremde Grundherrschaft gerieten oder adeliges Eigentum wurden. Ge- gen Ende des Hochmittelalters waren viele Burgen so in den Besitz der Erzbischöfe gelangt. Wie Finstergrün waren mehrere von ihnen Sitze von Land- und Pfleggerichten. Wir können also annehmen, dass auch Finstergrün von einer Adelsfamilie erbaut wurde, später aber eine erzbi- schöfliche Burg geworden ist.

Das Alter der Burg

Für die Bestimmung der Erbauungszeit bzw. des Alters einer Burg gibt es mehrere Vorgangs- weisen: die archäologische Untersuchung, die Analyse der Bausubstanz und die Auswertung der schriftlichen Quellen. Mangels eines archäologischen Befundes beschränke ich mich auf die Untersuchung der baulichen Ausgestaltung und der Urkunden.

Anmerkungen zur baulichen Ausgestaltung

Die Anlage der heutigen Ruine besteht aus Bergfried (Turm), Palas (Wohngebäude) und Befes- tigungsmauer. Der ca. 20 m hohe, fünfgeschossige Bergfried hat einen fünfeckigen Grundriss. Diese auffällige Grundrissform ist besonders im Westen Deutschlands und in Österreich häufig anzutreffen. Der Bergfried dürfte früher hinter dem heute teilweise noch sichtbaren Zinnenkranz eine vielleicht überdachte Wehrplattform und einen den ganzen Turm umlaufenden Wehrgang aufgewiesen haben. Gut zu erkennen ist noch der übliche erhöhte Einstieg in den Turm, der meist über Leitern erfolgte und mehr Sicherheit gegen Angreifer bieten sollte. Die spitze Mauerkante des Turmes ist nach Südwesten gegen die Zugangsseite gerichtet. Der Bergfried schützt somit den östlich anschließenden, vermutlich einst dreigeschossigen Palas.

Turm und Palas bilden eine mauerbündige Einheit von ca. 25 x 10 m. Die Abmessungen des Palas, von dem nur noch die Außenmauern erhalten sind, betragen ca. 10 x 10 m. Im ersten Stock befindet sich ein offener Kamin. Das Bruchsteinmauerwerk weist horizontale Schichtung und Verfugung auf. Der Hauptzugang in den Burgkomplex erfolgte von Norden her über einen 2,25 m breiten Innenhof, der vielleicht früher überdacht oder überwölbt gewesen ist.

Nebengebäude wie Speicher, Stallungen und einfache Wohngebäude sind im Bereich der Vorburg anzunehmen. Die Wasserversorgung der Burgbewohner/innen wird möglicherweise, so wie auch heute noch, über ein Leitungssystem aus dem nahen Berg erfolgt sein. Spuren eines Brunnens oder einer Zisterne sind in der Burganlage nicht zu erkennen.

Die Mauer, die vermutlich auch einmal die Vorburg umfasst hat, wurde zumindest teilweise später neu aufgezogen. Nach Westen hin wird die Burg durch einen Halsgraben (Wehrgraben) zusätzlich geschützt gewesen sein, an den drei anderen Seiten war sie durch die Felsabhänge schwer zugänglich. Der Hauptzugang westlich der Burg vom Murtal herauf war unmittelbar bei der Burg durch mehrere – heute nicht mehr vorhandene – Tore geschützt. Ein zweiter Weg verlief in der Nähe der Passmauer von der Kirche zur Burg.

In der Literatur wird das 12. oder der Beginn des 13. Jahrhunderts als Erbauungszeit angenommen. Zusammenfassend lässt sich sagen, dass der Aufbau der Gesamtanlage auf diese Zeit deutet, trotz einiger Besonderheiten aber charakteristische Einzelheiten fehlen, die eindeutig auf die Erbauungszeit oder das Alter der heutigen Baureste schließen lassen. Zudem wurde die Burg im Laufe der Jahrhunderte mehrfach umgebaut, verfiel und wurde wiederhergestellt. Für den Großteil der heutigen Bausubstanz kann aber mit einiger Sicherheit ausgeschlossen werden, dass er aus dem Hochmittelalter stammt.

Anmerkungen zur urkundlichen Überlieferung

Der Name *Finstergrün* wird erst 1629 bzw. 1779 urkundlich erwähnt. Er dürfte sich von „finsterer Graben, dunkle Kluft" herleiten und sich auf den neben der Burg gelegenen Graben beziehen. Der erste Teil des älteren Namens *Ramingstein* verweist möglicherweise auf den Erbauer oder einen frühen Besitzer der Burg, der zweite Teil auf ihre Lage bzw. Bauart. Ramingstein leitet sich demnach vom Personennamen *Ramo* bzw. *Ramunc / Ramung* ab, dem das althochdeutsche *hraban* (Rabe) zugrunde liegen dürfte. Die Endung *-unc* bzw. *-ung* wurde später zu *-ing*. Der zweite Wortbestandteil *-stein* steht für Felsen bzw. Steinhaus und ist typisch für das Hochmittelalter.

Aus dieser Zeit sind drei Urkunden (ca. 1135, 1138 und 1139) erhalten, die einen Wilhelm von *Rammenstein / Ramenstein / Ramnstein* nennen. Die Zuordnung desselben zu Ramingstein im Lungau ist unsicher, da weder der Inhalt der Urkunden noch die darin genannten Personen eindeutig mit dem Ort oder der Region in Verbindung gebracht werden können. Auch eine Urkunde von 1180/81 nennt ein *Ramnenstein*, doch kann dieser Ort sowohl als Rabenstein bei Althofen in Kärnten als auch als Ramingstein im Lungau interpretiert werden. Im Zuge eines um 1188/90 in Enns geschlossenen Übergabevertrages werden ein Hadmar von *Ramenstain* und ein Dietmar *miles* (Ritter) *de Ramnstein* genannt. In diesem Fall ist eine Zuordnung zu Ramingstein zwar nicht auszuschließen, da der Vertrag die Besitzverhältnisse von Gütern im Lungau und in Einach nahe Murau regelt, kann jedoch nicht als gesichert angenommen werden.

Auf sichererem Boden begeben wir uns erst im Jahr 1300: Am 4. Jänner 1300 trifft Rudolf II. von Fohnsdorf mit Erzbischof Konrad IV. einen Vergleich und verzichtet auf alle seine Rechte auf Stein, Thürn, Reisberg (alle im Lavanttal) und dem *hous ze Ramungestain in dem Lungeŵ*. Hierbei handelt es sich um die erste gesicherte Erwähnung von Ramingstein bzw. der dortigen Burg. Und erst ab diesem Zeitpunkt finden sich weitere Urkunden mit eindeutig zuordenbaren Nennungen der Burg. Der Befund der Fachliteratur, welcher in der Regel das 12. Jahrhundert als Zeitraum der ersten schriftlichen Nennung ausgibt, ist zweifelhaft. Da sich auch für Burgen in Kärnten, in der Steiermark und in Niederösterreich dieselben Namen finden (*Rammenstein, Ramenstein, Ramnstein, Ramnstain, Ramnenstein*), können die urkundlichen Nennungen vor dem Jahr 1300 keinesfalls eindeutig Ramingstein im Lungau zugeordnet werden.

Die Frage nach der Entstehungszeit des ursprünglichen Baus bzw. dem Alter der jetzt noch vorhandenen Baureste kann ohne archäologische Befunde nicht beantwortet werden. Sicher ist nur, dass der ursprüngliche Bau vor 1300 errichtet wurde, allerdings lässt sich dies nicht näher einschränken.

Historischer Überblick

14.–16. Jahrhundert: Weißpriacher, Mooshamer und Kuenburger

Im 14. Jahrhundert erscheinen die Weißpriacher zeitweilig als Burgpfleger. Auf sie folgten verschiedene erzbischöfliche Pfleger. Zwischen 1429 und 1557 hatten dieses Amt Mitglieder der Familie Moosham inne. Der sogenannte Ungarische Krieg zwischen dem ungarischen König Matthias Corvinus und Kaiser Friedrich III. berührte durch ein Bündnis des Salzburger Erzbischofs Bernhard von Rohr mit dem ungarischen König auch den Lungau. 1481 nahmen ungarische Truppen den Pfleger Sigmund von Moosham gefangen und besetzten die Burg bis zu ihrem Rückzug nach dem Tod König Matthias' im Jahr 1490.

Der langsam einsetzende Aufschwung des Ramingsteiner Blei-/Silber-Bergbaues zeigt sich u. a. in der Installierung eines eigenen Bergrichters. Im Jahr 1510 übernahm Wilhelm von Moosham dieses Amt. Seine Witwe Anna von Moosham versuchte 1558 die wenigen zur Burg Finstergrün gehörigen Güter zu ihrem Schwaighof (Wirtschaftshof) zu ziehen. Dies meldete der neue Pfleger Blasius Erlbegkh nach Salzburg und vermerkte in seinem Bericht auch, dass die Burg baufällig sei. Der Erzbischof hatte zwar angeordnet, dass diese zu bewohnen sei, damit sie nicht leer stehe; er selbst wollte aber wegen seiner „Gerichtshändel" nicht in der Burg leben, vermietete sie und verpachtete die Gründe (den Krautgarten, vor und hinter dem Schloss eine

„Etz" – ein kleines Stück Wiese – bis zur großen Fichte neben dem Schloss) an einen Inwohner (= jemand, der kein eigenes Haus besitzt), der damit ein oder zwei Kühe überwintern konnte. Durch die Vorgangsweise der Anna von Moosham wurde Erlbegkh die Lebensgrundlage entzogen, worauf er die Pflege aufgab.

Nach den Mooshamern übernahmen nun die Kuenburger die Verpflichtung zur Erhaltung von Burg und Brücke in Ramingstein, wofür sie von 1558 bis 1779 ein jährliches Deputat (Entlohnung) in Form von Käse, Getreide und Geld von der Pflege Moosham bezogen. Nach der Aufgabe der Pflege durch Erlbegkh wurde der Pfleger von Moosham, Christoph III. von Kuenburg (1510–1584), der Bruder des Erzbischofs Michael von Salzburg, beauftragt, für die Burg zu sorgen. Im Jahr 1580 wurde das Pfleggericht zu Ramingstein aufgehoben und mit der Hauptpflege zu Moosham vereinigt.

17.–18. Jahrhundert: Niedergang und Verfall

Aus der ersten Hälfte des 17. Jahrhunderts ist wenig über die Verhältnisse der Burg bekannt. Das Interesse an der Burg dürfte nachgelassen haben. Damit verbunden verschlechterte sich wohl auch ihr Erhaltungszustand. So berichtet ein Schreiben aus dem Jahr 1672 von einem auf der Burg durchgeführten Lokalaugenschein durch Hofbaumeister Johann Paul Wasner, im Zuge dessen die Burg mit Holz vermacht wurde, damit „hinfüran die lose Leuth sich nicht mehr darinnen aufhalten können". Im Jahr 1685 wurde sie renoviert und ein neues Wirtschaftsgebäude errichtet. 1702 wurde die Burg als Lehen an Jakob Wolf von Wimbern, einen Gewerken (Eigentümer eines Bergwerkes) zu Kendlbruck vergeben. Zu dieser Zeit bewohnte der Inwohner Ambrosius Schneeweiß die Burg. Die Grafen von Kuenburg führten in Ausübung ihres Pfleger-Amtes in den Jahren von 1715 bis 1731 zahlreiche Reparaturen an der Burg durch. 1735/36 ersuchte der Hüttenschreiber Johann Baris um Renovierung des ihm als Wohnung angewiesenen „Schlössls", da dieses schon ganz verfallen war. Aufgrund zu hoher Reparaturkosten erwog man jedoch einen Verkauf. Hiergegen wehrte sich die Bergwerksverwaltung, da der Turm als Getreidespeicher diente. Es wurden also nur neue Fenster und Türen eingesetzt, Vertäfelungen herausgerissen sowie ein Ofen und ein neuer Rauchfang gesetzt. 1750 finden wir den Berggerichtsdiener Peter Falb auf der Burg wohnhaft. Kurz vor 1768 wurden eine Dreschtenne und ein Kuhstall bei der Burg neu errichtet. Nicht einmal zehn Jahre später kam die Burg in Privatbesitz: Am 17. März 1775 wurde das „uralt Schlössl Fünstergruen, samt Stallung, dann ain Gründtl und Mädl [Maht] daselbst" versteigert. Der einzige Bieter, der sich fand, war der bisherige Untermieter in der Burg, der Bergknappe Joseph Ruef. 1796 wird sein Sohn Georg Ruef als Besitzer genannt. Er und seine Nachkommen werden die Burg hauptsächlich zu landwirtschaftlichen Zwecken genutzt haben.

Vom 19. Jahrhundert bis heute: Brand und Wiederaufbau

Wir sehen also, dass die Burg im 18. und 19. Jahrhundert – wie übrigens auch die Burgen Moosham und Mauterndorf – mehr oder weniger dem Verfall preisgegeben wurde. Vom 18. bis 23. Juli 1841 wütete ein durch ein schlecht gelöschtes Frattenfeuer (Frattenhaufen = Haufen

Abb. 20 Ruine Finstergrün (um 1900)

von Schlagholz) entstandener und vom heftigen Wind angetriebener Waldbrand in der Gegend von Ramingstein. Die bereits stark baufällige Burg wurde dabei völlig zerstört – die Holzteile verbrannten und es blieb lediglich eine Ruine übrig. In der Folge scheinen mehrere Besitzer auf, bis sie am 15. September 1899 der k. u. k. Kämmerer und Rittmeister Sándor Graf Szápáry von Elisabeth Lerchner erwarb. Wie viele andere erzbischöfliche Burgen im Laufe des 19. und 20. Jahrhunderts kam Finstergrün damit in Privatbesitz und wurde zum Familienschloss ausgebaut. Der ursprüngliche Plan bestand aller Wahrscheinlichkeit nach darin, nur den Bergfried und einen Teil des Palas von Finstergrün wieder instand zu setzen; man entschied sich aber – wohl dank der finanziellen Mittel, die Margit Gräfin Szápáry in die Ehe einbrachte – für einen völligen Neubau neben der alten Burg. Der endgültige Bau folgte schließlich den Plänen des Wiener Architekten Ludwig Simon, zu dieser Zeit Bauführer, später Bauleiter der Dombauhütte zu St. Stephan in Wien. Im Jahr 1900 begannen erste Vorarbeiten. In der Literatur finden sich widersprüchliche Angaben über den Zeitpunkt des Einzugs der jungen Familie Szápáry in die Burg. Wahrscheinlich erfolgte er zwischen 1903 und 1905. Nach dem überraschenden Tod von Sándor Graf Szápáry im März 1904 blieb seine Witwe mit den beiden Kindern Béla und Jolánta auf Finstergrün und vollendete den Neubau. Im Jahr 1908 war der größte Teil des Bauprojekts abgeschlossen.

Die Steine für den Neubau der Burg stammten vom nahen Berg, auch der Sand kam aus der näheren Umgebung, der Kalk aus Mauterndorf. Mit den Bauarbeiten beauftragt waren lokale Handwerksbetriebe sowie italienische Kunstschmiede und eine Kunstschlosserei aus Wien, welche die kunstvollen Türbeschläge und Fenstergitter fertigten. Unter hohem finanziellem Aufwand wurden Burg und Burgkapelle eingerichtet. Margit Gräfin Szápáry trug das Interieur (15.–19. Jahrhundert) aus ganz Mitteleuropa zusammen. Die historisierenden Fresken im Rittersaal stammen von Maximilian von Mann, der auch auf Runkelstein (bei Bozen) und Kreuzenstein (bei Wien) tätig war.

Margit Gräfin Szápáry empfing und beherbergte auf der Burg ab den späten 1920er Jahren viele Gäste vor allem aus Großbritannien, aber auch heimische Künstler, Intellektuelle, Geistliche und Politiker wie die späteren Bundeskanzler Ramek und Schuschnigg. Ein weniger erfreuliches Kapitel begann ebenfalls in den 1930er Jahren: Gräfin Szápáry hatte mit finanziellen Schwierigkeiten zu kämpfen, weshalb Finstergrün mit einer Hypothek belegt werden musste. Der Zweite Weltkrieg verschlimmerte ihre Lage: Im November 1941 musste ein Großteil des Inventars im (arisierten) Münchner Auktionshaus Weinmüller versteigert werden. Durch einen Pacht- und Mietvertrag vom 29. Juli 1942 kam die Burg schließlich über Vermittlung eines möglicherweise gar nicht Bevollmächtigten namens Ludwig Eberbach an das NS-Reichsministerium für Wissenschaft, Erziehung und Volksbildung, welches dort Kurse u. a. für Lehrerinnen durchführte. Bald nach dem Tod der Gräfin am 17. Mai 1943 begann der erste Lehrerinnen-Ausbildungslehrgang des NS-Reichsministeriums auf Finstergrün. In der folgenden Zeit wurde die Burg auch von anderen NSDAP-Gliederungen genutzt. Die ersten Maitage 1945 sahen Flüchtlingskolonnen und auch fliehende Wehrmachtssoldaten an Ramingstein vorbeiziehen. Vermutlich in dieser Zeit wird die Burg kurzfristig auch als Lazarett gedient haben. Im Jahr 1945 ging Burg Finstergrün an die Kinder der Gräfin über. Von 1946 bis 1948/1949 pachteten die Pfadfinder die Burg, ab 1949 das Evangelische Jugendwerk, das die Burg schließlich im Dezember 1972 kaufte. Nach vielen Um- und Ausbauarbeiten ist Burg Finstergrün heute ein Kinder- und Jugendfreizeitheim sowie Jugendherberge und steht auch für besondere Feierlichkeiten zur Verfügung.

Literaturhinweise

BLINZER Christian, Das caritative, soziale, religiöse und politische Wirken von Margit Gräfin Szápáry (1871–1943), Diplomarbeit Graz (in Vorbereitung).

BRUNNER Walter, „Das Werden der Landesgrenze gegen Kärnten und Salzburg im Raume Murau-Neumarkt", in Gerhard Pferschy (Hg.), Das Werden der Steiermark: Die Zeit der Traungauer. Festschrift zur 800. Wiederkehr der Erhebung zum Herzogtum (= Veröffentlichungen des Steiermärkischen Landesarchivs, Bd. 10), Graz-Wien-Köln 1980, 181-224.

DOPSCH Heinz, „Burgenbau und Burgenpolitik des Erzstiftes Salzburg im Mittelalter", in Hans Patze (Hg.), Die Burgen im deutschen Sprachraum: Ihre rechts- und verfassungsgeschichtliche Bedeutung (= Vorträge und Forschungen, Bd. 19/2), Sigmaringen 1976, 387-417.

LANDGRAF August, „Ruine Finstergrün – Rekonstruktionsversuch des inneren Ausbaues", in *Mitteilungen der Gesellschaft für Salzburger Landeskunde* 123 (1983), 331-343.

SALZBURGER MUSEUM CAROLINO AUGUSTEUM (Hg.), Burgen in Salzburg: Ausstellungskatalog, Salzburg 1977.

STEINER-WISCHENBART Josef, Burg Finstergrün im Lungau, Graz 1911.

ZAISBERGER Friederike / SCHLEGEL Walter, Burgen und Schlösser in Salzburg: Pongau-Pinzgau-Lungau, Wien 1978.

„Ein Stück Reich Gottes mitbauen": Burg Finstergrün heute

Manfred Perko

Da werden sie ihre Schwerter zu Pflugscharen
und ihre Spieße zu Sicheln machen [...]
und sie werden hinfort nicht mehr lernen,
Krieg zu führen. (Jes. 2,4)

Burg Finstergrün – die „alte Burg": heute Ruine, einst ein Kriegsbauwerk,
Grenzbefestigung des Salzburger Erzbistums gegen die Steiermark.

Burg Finstergrün – die „neue Burg": Wohnsitz und Eigentum von Gräfin Margit Szápáry,
couragierte und engagierte Frau, Vordenkerin, Reformerin und vieles mehr.

Burg Finstergrün – heute: Evangelisches Kinder- und Jugend-Freizeitheim,
offen in internationaler und ökumenischer Weite.

Seit 1949 hatte die Evangelische Jugend einen Teil der Burg gepachtet und Sommerfreizeiten und andere Treffen für Kinder und Jugendliche ermöglicht. Im Jahr 1972 bot Jolánta Szápáry Burg Finstergrün zum Verkauf an – und war sehr erfreut, dass die Evangelische Jugend die Burg gekauft und weiterhin mit Leben und Kinderlachen gefüllt hat.

Vom kriegerischen Bollwerk zur Kinder- und Jugendburg

Vielleicht dürfen wir hier ein Stück der biblischen Prophezeiung „Schwerter zu Pflugscharen" erleben. Ja mehr noch: ein Stück Reich Gottes mitbauen.

1) Wie hat uns die Burg verbunden –
unvergessen jeder Tag.
Unvergess'ne Abendstunden,
da das Land im Traumlicht lag.

2) Lieder, die wir hier gesungen,
Fragen, die wir hier gefragt,
und was immer mitgeklungen,
ungefragt und ungesagt:

3) Lasst es uns getreu bewahren,
all das tiefe Überein.
Wer wie wir das Glück erfahren,
kann nie wieder glücklos sein.

Abb. 21 Bibelfelsen vor der Burg Finstergrün (2005)

Ich weiß nicht, wie oft ich dieses Lied auf der Burg schon gesungen habe, mit wie vielen Kindern, Jugendlichen und Erwachsenen. Ist es das, was Burg Finstergrün ausmacht? Sind es die unvergessenen Abendstunden im Traumlicht, wenn sich die Sonne Richtung Tamsweg niedersenkt und die Mur golden zu glitzern beginnt? Sind es die Lagerfeuer auf der Wiese, die Kaminfeuer im Rittersaal, die sonnigen Nachmittage in den Burghöfen? Oder auch, wenn man in aller Früh bei einem Zeltlager aufsteht und sich die Burg aus dem Morgennebel hebt? Wenn man in der Abenddämmerung auf der Promenade mit Kindern, die eine Fackel tragen, einen Spaziergang macht und sich hoher Sternenhimmel über dem Tal wölbt? Ist es das?

Wie viele Gottesdienste und Andachten in der Kapelle und draußen auf dem Bibelfelsen haben wohl junge Menschen berührt? Wie viele Spiele im Wald und auf der Wiese haben Jung und Alt begeistert? Wie viele erste Küsse mag es hier gegeben haben und wie viele Pärchen haben sich hier gefunden? Wie hat uns die Burg verbunden! Ist es das – oder ist es noch mehr?

Wofür können, sollen, dürfen und müssen die Evangelische Jugend und der Burgrat, die Mitarbeiter/innen im Hause und die ehrenamtlichen Helfer/innen heute stehen? Was wollen wir in und mit der Burg Finstergrün?

Ein Stück Reich Gottes mitbauen!

Das ist ein großes Wort, gelassen ausgesprochen. In ihm steckt Anspruch und Zuspruch. Was kann das konkret heißen? Schauen wir in die Geschichte: Viele Jahrhunderte war es Aufgabe von Kirche, Defizite auszugleichen, Defizite an Menschlichkeit und Menschenwürde. Man hat sich um das Vergessene, um die Vergessenen gekümmert. Als es keine Spitäler gab, sind kirchliche Hospize und Spitäler gegründet worden. Als es keine Schulen gab, wurde in Klöstern Unterricht erteilt. Mitte des 19. Jahrhunderts begann die Kirche, sich um die entwurzelte Arbeiterjugend und um verwahrloste Burschen und Mädchen in den Städten zu kümmern. Dort liegen die Anfänge von dem, was wir heute „Jugendarbeit" nennen.

Vieles davon wurde früher oder später vom Staat oder von anderen Institutionen übernommen. Was ist also heute unsere Aufgabe? Was fehlt? Was fehlt der Jugend?

Ich denke, es ist zweierlei.

Zum einen: Beziehungen

Es ist eine Binsenweisheit, dass unser Leben oft beziehungsarm geworden ist. Eltern haben wenig Zeit. Lehrer/innen haben wenig Zeit. Wir alle haben wenig Zeit. Und noch eine Binsenweisheit: Kinder und Jugendliche haben es schwer, sich zu orientieren. „Anything goes" ist das Motto unserer Zeit. Alles ist möglich.

Neue Orientierungen und gleichberechtigte Partnerschaften zum Beispiel sind immer noch schwierig und werden von der Elterngeneration oft mühsam gesucht. Doch es ist schwer, etwas, was man selbst erst sucht, an Kinder weiterzugeben. Kinder und Jugendliche brauchen Beziehungen: kritisch-liebevoll-widerständige Beziehungen. Sie brauchen Weggefährten und Wegbegleiterinnen, die sie und sich selbst ernst nehmen. Die nicht alles immer schon im Voraus wissen oder gar desinteressiert sind.

Ich bin überzeugt: Beziehungen sind das Wichtigste in unserer Evangelischen Jugendarbeit! Das kann nie Zwang, sondern immer nur ein Angebot sein: da sein, Freundin sein, Partner sein. Natürlich ist es unmöglich, das Elternhaus zu ersetzen. Aber es ist sinnvoll, eine Hand zu reichen, einzuspringen und beim Ablösen zu helfen. Dabei dürfen wir uns nicht plump und kumpelhaft anbiedern und alles, was sich ‚modern' nennt, taxfrei o.k. heißen. Wir dürfen uns andrerseits nicht als strenges, unnahbares Gegenüber geben. Wir sind eingeladen, engagiert und interessiert, die eigenen Werthaltungen nicht hinter dem (Burg-)Berg zu halten. Der Philosoph Martin Buber sagt: „Ein Ich formt sich immer nur am Du." Ein solches „Du" können, müssen und dürfen wir für junge Menschen sein. Begegnung, Partnerschaft und Beziehung brauchen Raum und Zeit. Burg Finstergrün bietet beides.

Raum versteht sich von selbst: Wie viele Räume und Orte der Begegnung bietet nicht die Burg? Zimmer – keine zwei schauen gleich aus –, Säle und Nischen. Treppenabsätze, die zum Hinhocken und Plaudern einladen, die Burghöfe, die offenen Kamine, der Bibelfelsen und die Bänke rund um das Lagerfeuer.

Und Zeit. Zeit bekommt auf Burg Finstergrün einen anderen Lauf. Man kann ausatmen, einatmen und bleiben. Zusehen, wie das Land im Traumlicht liegt oder wie die Fledermäuse um den Turm kreisen. Burg Finstergrün ist ein guter Ort für Beziehungsarbeit, für die Evangelische Jugend, für Schulklassen, für andere Jugendorganisationen.

Zum anderen: *real reality*

Real reality – was soll das wohl sein? *Virtual reality* bestimmt zunehmend unsere Welt: Fernsehen, Computer und Internet. Wir stehen am Anfang einer Entwicklung, von der wir noch nicht einmal ahnen, wohin sie uns noch führt. Ich will das gar nicht verteufeln: Wie viele wunderbare Möglichkeiten stecken in diesen Technologien, auch und gerade für Kinder und Jugendliche. Aber: Das „volle Leben" spielt immer noch in der „wirklichen Wirklichkeit". Entdecke, was dir möglich ist! Selbst singen, malen und gestalten. Beeren pflücken oder beim ‚Russisch Kegeln' die Kegel selbst aufstellen und nicht von einer Maschine aufstellen lassen. Die Wärme eines Kaminfeuers spüren und vom Treppensteigen einen Muskelkater bekommen. Und wieder ist Burg Finstergrün

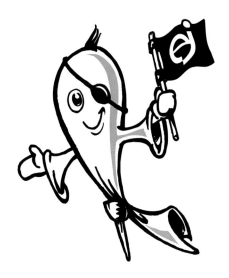

Abb. 22 Der Burggeist „Finsterling"

ein guter, ein besonderer Ort dafür. Holz für das Grillfeuer selbst sammeln, zur Glut abbrennen und herausfinden, wann das Würstel perfekt ist – nämlich: Kurz bevor es schwarz geworden ist, wäre es genau richtig gewesen. Behauene Steine und Treppen, von unzähligen Schritten abgetreten. Türen, Fenster und Deckenbalken, die Handwerkskunst darstellen und den Geist der Künstler ahnen lassen. Essen, das immer noch am holzbefeuerten Herd gekocht wird, am selbstgedeckten Tisch genießen. Ein paar Tage lang kein Fernseher, kein Computer, kein Videospiel. Stattdessen im Rittersaal tanzen, Theater spielen oder am Kaminfeuer Geschichten hören – und dann einschlafen.

Mit allen Sinnen Mensch sein. „Ich glaube", schreibt Martin Luther, „dass mich Gott geschaffen hat samt aller Kreatur, mir Augen, Ohren und alle Sinne, Vernunft und alle Glieder gegeben hat und noch erhält." Nur über unsere Sinne bekommt das Leben Sinn, nicht über Bits und Bytes. So wollen wir versuchen, in Raum und Zeit, in der *real reality*, mit Augen, Ohren und allen Gliedern, Vernunft und allen Sinnen zu leben und ein Stück Reich Gottes mitzubauen. Ich bin überzeugt: Der *genius loci*, der Finsterling und Gottes guter Geist sind gut befreundet.

Burg Finstergrün heute: Vielleicht dürfen wir hier ein Stück der biblischen Prophezeiung „Schwerter zu Pflugscharen" erleben. Ja mehr noch: ein Stück Reich Gottes mitbauen.

Literaturhinweise

CORBACH Dieter u. a. (Hgg.), Die Mundorgel, Waldbröl ²1984.
EVANGELISCHE JUGEND ÖSTERREICH, „50 Jahre evangelische Freizeiten auf Burg Finstergrün", Beilage zu *Burg aktuell* (September/Oktober 1999).
EVANGELISCHE KIRCHE DEUTSCHLAND (Hg.), Lutherbibel Standardausgabe, Stuttgart 1985.
BURG FINSTERGRÜN, http://www.burg-finstergruen.at [Stand März 2007].

Die Katholische Frauenorganisation in Salzburg, 1907–1938

Christian Blinzer

Rahmenbedingungen: Kirche und Politik

Die katholische Kirche war im Alltag der Menschen im Lungau fest verankert und prägte deren Weltsicht ebenso wie die Auffassungen von Moral und Sitte. Der Bezirk war (und ist) überwiegend katholisch. Folglich wurden auch beispielsweise regelmäßiger Kirchgang zumeist als ebenso selbstverständlich angesehen wie das Miteinbeziehen kirchlicher Traditionen bei Geburt, Hochzeit oder Tod. Kirche und Kirchplatz gehörten – neben dem Wirtshaus – zu den wenigen Orten, an denen außerhalb der bäuerlichen Arbeit Kontakte gepflegt und Informationen ausgetauscht werden konnten. Auch die Weltanschauung der Christlichsozialen Partei (CSP) war eng mit jener der katholischen Kirche verbunden und orientierte sich weitestgehend an Grundwerten der katholischen Kirche sowie an verschiedensten kirchlichen Lehrschreiben und Dokumenten.

Entsprechend der in der Bevölkerung verwurzelten Religiosität wurden besonders um die Jahrhundertwende viele neue Kapellen in der Nähe von Bauernhäusern sowie mancherorts Hauskapellen errichtet. Auch Filialkirchen wurden neu erbaut (Sauerfeld, Oberweißburg) und zwei Pfarren im Bezirk neu errichtet (Tweng, Seetal). In denselben Zeitraum fiel die Hochblüte des katholischen Vereinswesens, welches – organisiert u. a. in Katholische Frauenorganisation (KFO), Jungfrauenbund, Burschenverein – aus religiöser Sicht vornehmlich auf das Hochhalten der christlichen Werte bedacht war. Die lokalen Geistlichen übernahmen die Katechese (Unterweisung im Glauben) in diesen Vereinen, die nicht nur fester Bestandteil des kirchlichen Lebens waren, sondern gleichzeitig als wichtige politische Sozialisationszentren der CSP gesehen werden können.

Öffentlichem Wirken von Frauen wurde im katholischen Milieu des ausgehenden 19. und beginnenden 20. Jahrhunderts durchwegs kritisch begegnet. Der angestammte Platz der Frauen sei, so argumentierte man meist, der Bereich der Familie. Diese Festlegung auf Hausfrauen- und Mutterpflichten wurde als natur- oder gottgegeben aufgefasst, Engagement außerhalb dieses klar definierten Bereiches galt zum einen als Verfehlung gegen diese natürliche oder gottgewollte Ordnung, zum anderen als Vernachlässigung und schlussendlich Zerstörung der Familie. Für das christlich-konservative Ideal der strikten Trennung von „öffentlich" und „privat" und das Festlegen der Frauen auf den häuslichen Bereich wurde unter anderem durch angebliche physische und psychische Eigenschaften der Frau argumentiert.

Ähnlich war die Argumentation im Kontext der Frauenwahlrechtsbewegung. Die Katholische Reichsfrauenorganisation Österreichs (KRFOÖ) und die CSP standen bis 1918 politischem

Engagement von Frauen bzw. der Einführung des Frauenwahlrechts ablehnend gegenüber. Abseits dieser offiziellen Positionen wurde innerhalb der KFO bzw. KRFOÖ das Frauenwahlrecht von einzelnen Stimmen bereits vor 1918 gefordert. Das Bewusstsein über die Notwendigkeit weiblicher Mitgestaltung bildete sich im demokratischen Gefüge jedoch erst ebenso allmählich aus wie die Erkenntnis, dass Frauen etwa die Hälfte der Wahlberechtigten ausmachten und somit alleine aus realpolitischen Überlegungen als politischer Machtfaktor erkannt und anerkannt werden mussten.

Im November 1918 wurde in Österreich das Wahlrecht für Frauen eingeführt. Bei der Salzburger Landtagswahl 1919 waren somit auch Frauen stimmberechtigt. Eine Schlüsselrolle in den (Wahl-)Kämpfen um die Stimmen der Frauen nahm bei den Christlichsozialen in Salzburg (wie auch anderswo) die KFO ein. Analog dazu ist die Rolle

Abb. 23 Prozession der Jungfrauen in Ramingstein mit Marienstatue

sozialdemokratischer Frauenorganisation für die Sozialdemokratie zu sehen. Nach Ernst Hanisch lassen sich zwei entscheidende Faktoren für den Wahlerfolg der CSP 1919 in der Stadt Salzburg ausmachen: Zum einen waren (sozialdemokratisch dominierte) Arbeiter/innenbezirke (Gnigl, Itzling, Maxglan) noch nicht eingemeindet, zum anderen wählten die Frauen mehrheitlich christlichsozial. Doch obwohl die KFO Salzburg gemessen an der Zahl ihrer Mitglieder die stärkste Teilorganisation der CSP in Salzburg war, war sie innerhalb der Partei politisch unbedeutend. In der CSP hatte der Bauernbund das und die Kirche ideologisch das stärkste Gewicht. Gemäß dem wertkonservativen Weltbild wurde den Frauen caritative Tätigkeit zwar zugestanden, aktive politische Einflussnahme war ihnen jedoch weitestgehend verwehrt.

Auch im Lungau war der sehr hohe Organisationsgrad der KFO eine Besonderheit im katholisch-konservativen Lager, welches landesweit eher schlecht organisiert war: Ein christlichsoziales Parteisekretariat für den Bezirk wurde in Tamsweg (Murgasse) erst im Herbst 1926 – und somit erst acht Jahre nach der Errichtung der KFO Zweigvereine im Lungau (siehe unten) – eingerichtet. Dies zeigt auch für den Bezirk die Wichtigkeit der KFO innerhalb des Politischen Katholizismus (katholische Motivation führt zu politischem Engagement). Frauen hatten im christlichsozialen Lager kaum die Möglichkeit, sich aktiv in den politischen Entscheidungsprozess einzubinden. Als Wählerinnen wurden sie die Erste Republik hindurch hingegen heftig umworben, wobei vornehmlich an ihre Treue, ihre Verantwortung und ihr Pflichtbewusstsein gegenüber der bestehenden kirchlich-konservativen Gesellschaftsordnung appelliert wurde.

Organisationsstruktur und Zielsetzungen der KFO

Schon 1850 war in Salzburg ein Katholischer Frauen-Verein gegründet worden, der sich 1907 in „Katholischer Frauen-Wohltätigkeits-Verein" umbenannte. Gemäß den Satzungen bestand der Vereinszweck „in der Ausübung christlicher Nächstenliebe an Armen [...], armen Kranken, Wöchnerinnen, Hochbetagten sowie unterstützungsbedürftigen Kindern, insbesondere weiblichen Geschlechtes." Die Tätigkeit des Vereins beschränkte sich auf die Stadt Salzburg, ebenso waren die Mitglieder aus der Stadt. Der Verein bestand bis 1939, als er von den Nationalsozialisten aufgelöst wurde.

Wesentlich breitere Wirkung vermochte die Katholische Frauenorganisation zu erzielen, die sich ab 1906 in der Monarchie zu etablieren begann. Die KFO war österreichweit nach den Diözesan- und diözesanweit wiederum nach den Dekanats- und Pfarrgrenzen gegliedert. Die einzelnen Katholischen Frauenorganisationen der Diözesen waren überregional in der KRFOÖ zusammengefasst. Die KFO Steiermark wurde im Dezember 1906 als erste Diözesanorganisation gegründet, die zweite Gründung war jene der KFO Niederösterreich im Jänner 1907. Im Herbst 1907 wurde schließlich die KFO Salzburg als Katholischer Frauenbund für das Herzogtum Salzburg als Zusammenschluss von bereits bestehenden Frauenvereinen ins Leben gerufen, dessen Gründungsversammlung am 20. Jänner 1908 in Salzburg stattfand. In den Folgejahren entstanden in den meisten Gebieten der Donaumonarchie derartige Zusammenschlüsse, die sich in die KRFOÖ eingliederten und durch Delegierte auch in deren Vorstand vertreten waren. Margit Gräfin Szápáry war Ausschussmitglied der Salzburger Diözesanorganisation, Bezirks- bzw. Gaupräsidentin der KFO im Lungau und wirkte in den KFO Zweigvereinen Tamsweg und Ramingstein (siehe unten) führend mit.

Die Arbeit der KFO Salzburg beschränkte sich in den ersten Jahren im Allgemeinen auf den Raum Salzburg Stadt. Erst Ende 1918 gelang es der Organisation, ihre Struktur in Form von Zweigvereinen auch auf Salzburger Landgemeinden auszuweiten. Am 28. November 1918 stellte die „Katholische Frauenorganisation, Zweigverein Tamsweg" bei der Salzburger Landesregierung das Ansuchen um Genehmigung der eingereichten Statuten. Das Ansuchen wurde genehmigt (bzw. im Amtsjargon „nicht untersagt"). Als Antragstellerinnen des neu gegründeten Vereins werden Margit Gräfin Szápáry und die Tamsweger Notariatsgattin Therese Zeilinger genannt. Die Gründung des Tamsweger Zweigvereins war die erste Gründung der KFO Salzburg am Land.

Laut den Satzungen bestand der Zweck des Zweigvereins darin, „die katholische Frauenwelt im Allgemeinen, die Mitglieder des Vereines insbesondere über die Fragen, die das Frauengeschlecht berühren, aufzuklären und auf allen Gebieten der caritativen, sozialen und kulturellen Frauentätigkeit anzuregen". Schwerpunktmäßig waren neben Regelungen der Vereinsorganisation und -führung die Bereiche Bildung, Beratung und Wohltätigkeit als Ziele der KFO ausformuliert.

Etwa ein Jahr nach der Gründung des KFO Zweigvereins Tamsweg meldete die „Kath[olische] Frauen Organisation Zweigverein Thomatal im Anschluss an den Landesverband der kath[olischen] Frauen Organisation für das Herzogtum Salzburg" ihre Gründung an und reichte die Gründungsstatuten bei der Landesregierung Salzburg ein. Deren amtlicher Bescheid der Nichtuntersagung wurde Franziska Moser (Sagmeisterbäuerin in Thomatal) zugestellt.

Zwei weitere Zweigvereine wurden bis Frühling 1920 im Lungau gegründet: Am 15. Dezember 1919 meldeten Margit Szápáry und Anna Jud der Bezirkshauptmannschaft Tamsweg die Errichtung eines KFO Zweigvereins Ramingstein und reichten am 12. Jänner 1920 die Statuten zur Gründung bei der Landesregierung ein. Ähnlich verlief die Gründung des Zweigvereins St. Margarethen im Lungau, der seine Konstituierung Ende März 1920 bei der Bezirkshauptmannschaft meldete und am 6. April 1920 die Statuten bei der Landesregierung einreichte. Der positive Bescheid der Landesregierung wurde Zäzilia Sampl (St. Margarethen) zugestellt.

Weitere Unterlagen, die über die Gründungen von KFO Zweigvereinen im Lungau berichten, sind in den recherchierten Beständen nicht erhalten. Wie aus anderen Quellen ersichtlich, gab es jedoch neben den bereits erwähnten KFO-Zweigvereinen in Tamsweg, Thomatal, Ramingstein und St. Margarethen weitere Zweigvereine in Lessach, Mariapfarr, Mauterndorf, St. Michael, Tweng, Unternberg, Zederhaus und Muhr. Margit Szápáry war Bezirks- bzw. Gaupräsidentin der Lungauer Zweigvereine.

Wirkungsbereiche der KFO im Lungau

Die KFO-Zweigvereine betätigten sich im Lungau auf den Gebieten der Fürsorge und in der religiösen wie praktischen Bildung, veranstalteten Wallfahrten, Exerzitien, Weihnachtsfeiern (sogenannte Christbaumfeiern) für Schulkinder und Bedürftige, beteiligten sich an der Gestaltung von Erstkommunionen, Firmungen, Primizen, Begräbnissen etc. Dabei waren die Schwerpunktsetzungen innerhalb dieser Betätigungsfelder unterschiedlich: Die KFO St. Michael unterstützte beispielsweise u. a. Arme mit Kleidung, die KFO Zederhaus sammelte für das Salzburger Priesterhaus und das erzbischöfliche Knabenseminar Borromäum, im Zweigverein Ramingstein gab es in den späten 1930ern sogenannte Plauderstunden, bei denen Vorträge gehört und religiöse Themen diskutiert wurden. Auch Schulungskurse wurden im Bezirk angeboten.

Als erste selbstgestellte Aufgabe der KFO Salzburg war religiöse Tätigkeit in den Satzungen festgeschrieben („Förderung und Vertiefung des religiösen Lebens und des kirchlichen Geistes in der Frauenwelt"). Die KFO im Lungau verwirklichte diese Forderung vor allem durch Wallfahrten und Exerzitien. Ein sichtbarer Ausdruck des religiösen Lebens der in den Lungauer Zweigvereinen engagierten Frauen waren von der KFO organisierte Wallfahrten. Solche gab es in Form von jährlichen Bezirkswallfahrten beispielsweise nach Mariapfarr oder St. Leonhard bei Tamsweg. Wallfahrten fanden sowohl in den Zweigvereinen als auch als große Wallfahrten in der Bezirksvereinigung statt.

Am Pfingstdienstag veranstaltete die KFO in der Regel eine alljährliche Wallfahrt, die von Frauen aller Lungauer Zweigvereine zumeist auch gut besucht war. Ein weiterer zentraler Fest-

Abb. 24 Wallfahrtskirche Maria Hollenstein in Kendlbruck bei Ramingstein (vor 1914)

tag der KFO für Wallfahrten war Mariä Geburt (8. September). Die Wallfahrten waren meist begleitet von Reden der Diözesan- oder der Gaupräsidentin, der geistlichen Konsulenten, von Predigern oder von Mitgliedern anderer Vereinigungen aus dem katholisch-konservativen Lager über politische Entwicklungen oder Moral- bzw. Erziehungsfragen. Auch religiös-erbauliche Filme wurden gezeigt, so beispielsweise 1930 „König der Könige" beim Thomalwirt in Mariapfarr. Auch bei besonderen Feierlichkeiten, wie anlässlich des 500-jährigen Bestehens der Wallfahrtskirche St. Leonhard (September 1933) oder anlässlich der feierlichen Primiz dreier Lungauer Priester (Juli 1937) veranstaltete die KFO Wallfahrten. Mehrmals zelebrierte der Salzburger Fürsterzbischof Sigismund Waitz die Festmessen in diesem Rahmen.

Neben Wallfahrten stellten Exerzitien einen wesentlichen Teil des religiösen Lebens der KFO dar. Laienexerzitien wurden im katholischen Milieu im Zuge der etwa zur Jahrhundertwende vermehrt einsetzenden Vertiefung des religiösen Lebens populär. Die Exerzitien dieser Zeit waren gekennzeichnet durch Vorträge, die sich an ein möglichst einheitliches Publikum richteten (an Männer- oder Frauengruppen, Jugendliche, etc.) und dieses Publikum an eine geistliche Lebensordnung und an die Beichte heranführen sollten. Die Idee, Exerzitien abzuhalten, wurde auch im Lungau übernommen. Am Gautag der KFO Lungau im Jahr 1928 referierte Domprediger Anton Schmid über Exerzitien und Dechant Franz Fuchs kündigte an, dass ab dem Herbst desselben Jahres Exerzitien beim Suppan-Hof in Pichl bei Mariapfarr stattfinden würden. Zu den ersten Exerzitien für Frauen und für Mädchen wurde im Herbst desselben Jahres eingeladen. Später wurde diese Form der inneren Einkehr auch für Männer angeboten. Die Exerzitien im Lungau fanden bei Mädchen besonderen Anklang, sodass ab 1930 mehrere Kurse abgehalten wurden, da es für die Mädchenexerzitien mehr Anmeldungen gab als erwartet. Neben den Exerzitien in Pichl gab es auch Frauenexerzitien in Ramingstein, für die Margit Szápáry Burg Finstergrün zur Verfügung stellte.

In den meisten Zweigvereinen engagierten sich die Frauen für eine möglichst schöne Erstkommunion- oder Firmfeier. Anna Guggenberger, die in der Tamsweger KFO tätig war, organisierte für die dortigen Erstkommunikantinnen und -kommunikanten ein Frühstück nach der Messe und hat so gemäß einer Schilderung in der *Tauern-Post* „den Erstkommunikanten wohl eine große Freude bereitet, an die die Kinder ihre ganze Lebenszeit denken werden". Auch für die Zweigvereine in Mauterndorf und Zederhaus wird von einer derartigen Umrahmung von Erstkommunionfeiern berichtet, es kann daher davon ausgegangen werden, dass mehrere Lungauer Zweigvereine ähnlich tätig waren. In Ramingstein sorgte die KFO für den Empfang des Firmspenders, in Tamsweg zog die KFO gemeinsam mit Fürsterzbischof, Katholischem Arbeiterverein, Katholischem Gesellenverein, Kriegerverein, Schützen und Musik zur Kirche. Fürsterzbischof Waitz, der wiederholt als Firmspender im Lungau war, wohnte – wie schon Fürsterzbischof Kardinal Katschthaler vor ihm – bei seinen Aufenthalten im Bezirk des Öfteren auf Burg Finstergrün.

Die Satzungen der KFO schrieben die Betätigung der Frauen im caritativen Bereich fest und definierten sie als ein Hauptziel der KFO. Grund für diese Tätigkeit war die hohe Wertschätzung der *caritas* (christliche Nächstenliebe) durch die KFO. Diesem Gedanken wurde im Lungau vor allem durch Weihnachtsbescherungen für bedürftige Schulkinder und sogenannte „Gemeinde-Arme" Rechnung getragen. Die diözesane Leitung der KFO Salzburg schrieb vor, derartige Feiern als Kinder- und Familienfeste zu gestalten. Weihnachtsfeiern für bedürftige Kinder wurden von vielen Zweigvereinen der KFO im Lungau veranstaltet. In Ramingstein, wo Margit Gräfin Szápáry als Privatperson lange Zeit Christbaumfeiern und Bescherungen für die Schulkinder der Volksschule veranstaltet hatte, fanden ab den 1920ern von der KFO Ramingstein veranstaltete Schulweihnachtsfeiern statt. Auch die Zweigvereine in Tamsweg, St. Michael, Zederhaus, Thomatal, St. Margarethen, Mariapfarr und Mauterndorf veranstalteten Weihnachtsfeiern. Der Zweigverein Ramingstein weitete die Christbaumfeier im Jahr 1925 auf Gemeindebedürftige aus. Gerade in diesem Winter war die Not unter der Bevölkerung besonders groß, da die Papierfabrik in Madling im September den Großteil der Arbeiter/innen gekündigt hatte und dadurch 170 Menschen arbeitslos geworden waren. Folglich beschenkte die KFO zu Weihnachten neben den Gemeindebedürftigen vornehmlich Kinder von Arbeitslosen.

Die Auflösung der KFO im Nationalsozialismus

Die Auflösung der katholischen Vereine nach dem ‚Anschluss' im März 1938 wurde vom Stab des Reichskommissars für die Wiedervereinigung Österreichs mit dem Deutschen Reich, Josef Bürckel, angeordnet. Dem Fürsterzbischöflichen Ordinariat in Salzburg wurde vorgeschrieben, die Auflösungen der katholischen Vereine durchzuführen. Zusätzlich zur Auflösung bestimmte der Reichskommissar nationalsozialistische Gliederungen bzw. Organisationen, welche für die Übernahme der Agenden der katholischen Vereine vorgesehen waren. Im Fall der KFO war dies die NS Frauenschaft (NSF). Die KFO war zur ‚Selbstauflösung' bestimmt.

Zwei Gründe dürften für das rasche Vorgehen der Nationalsozialisten gegen die katholischen Vereine unmittelbar nach dem ‚Anschluss' ausschlaggebend gewesen sein: zum einen die vom NS-Ideal hinsichtlich Staat und Gesellschaft abweichende und somit konkurrierende

Geisteshaltung katholischer Vereine, zum anderen der schnellstmögliche Zugriff auf das Vermögen der aufgelösten Vereine. Die Ordinariate sagten nach Verhandlungen mit der Gestapo zu, dass sich bestimmte – gesellschaftspolitisch relevante – Vorfeldorganisationen ‚freiwillig' auflösen würden (darunter die KFO), andere hingegen unter der Voraussetzung, sich ausschließlich religiösen Aktivitäten zu widmen, von der Auflösung ausgenommen wurden. Um den Weiterbestand dieser als „rein religiös" deklarierten Vereine (Kirchenmusikvereine, Gebetsbünde, Bruderschaften u. a.) fand ein mehrjähriges (und teilweise bis zum Ende der NS-Herrschaft dauerndes) Ringen zwischen Kirche und NS-Behörden statt, bei dem die Kirche den Auflösungsbescheiden teilweise nicht nachkam. Als wahrscheinliche Gründe für den Weiterbestand mancher katholischer Vereine können deren relativ geringer gesellschaftlicher Einfluss sowie auch kaum vorhandene Vermögenswerte gesehen werden.

Die Auflösung der KFO Zweigvereine im Lungau lässt sich durch zwei detaillierte Schreiben relativ klar nachvollziehen. Eine Liste belegt, dass die Zweigvereine als ersten Schritt ihrer ‚Selbstauflösung' die Bar- oder Sparvermögen abliefern mussten. Die endgültige ‚freiwillige' Auflösung der einzelnen Zweigvereine im Lungau wurde zwischen 22. und 30. Mai 1938 vollzogen (der Zweigverein Lessach hatte sich bereits 1937 aufgelöst). Im Zuge dieser Auflösungen wurden das restliche Vereinsvermögen sowie das Inventar der KFO, in Summe umgerechnet etwa € 11.000, eingezogen. Die Gelder wurden von NS-Organisationen für deren Zwecke weiterverwendet.

Ein Weg in die Zukunft: Von der KFO zur kfb

Nach Kriegsende 1945 wurde im Lungau von einem Kreis zumeist ehemaliger KFO-Frauen die Neugründung der Organisation als „Frauenwerk" betrieben. Anna Guggenberger, die bereits in der KFO vor dem Zweiten Weltkrieg engagiert war, wurde dessen erste Bezirkspräsidentin. Das Frauenwerk war ebenfalls religiös und sozial-caritativ tätig. Ideologisch entwickelte sich das Frauenwerk (und später auch die kfb) jedoch weg von den politischen Frauenzusammenschlüssen des konservativen Lagers, die als ÖVP-Frauen Teil der Parteienlandschaft wurden. War die Struktur des Frauenwerks im Lungau noch eng an jene der KFO angelehnt (Leiterin mit Stellvertreterin auf Dekanats- und Pfarrebene, Arbeit in den Pfarren), wurde diese in der kfb bis heute modernisiert (Leitungsteam rund um eine gewählte Regionalleiterin).

Die kfb Lungau setzte es sich in den frühen 1990ern zum Ziel, ein regionales Bildungsangebot für Frauen zu schaffen, welches sich stark an den Bildungsbedürfnissen der Frauen in der Region orientieren sollte. Völlig neu war die Umsetzung dieser Idee, nämlich die Initiierung des „Lungauer Frauentreffs" (Herbst 1992), der von kfb, Büro für Frauenfragen bei der Salzburger Landesregierung und Katholischem Bildungswerk unterstützt wird. Der Frauentreff umfasst bis heute u. a. Bildungsveranstaltungen, Kurse über Kranken- und Sterbebegleitung, Rhetorikschulungen, Selbstbewusstseinsseminare sowie wirtschaftliche, religiöse und künstlerische Veranstaltungen. Daneben bestehen weiterhin in Tamsweg und in Ramingstein eigenständige traditionelle Frauenwerk-Gruppen, welche ihre bewährte Arbeit mit eigenen Programmen und ohne den Zusammenschluss im Frauentreff weiterführen.

Ungedruckte Quellen
Archiv der Erzdiözese Salzburg: Katholische Frauenorganisation 22/100; Vereinswesen 12/19 Rt 1.
Salzburger Landesarchiv: Reichsstatthalter, I/3V 200/1941; Präsidialakten 1939, 2496 k-37.

Geruckte Quellen
I. Tätigkeitsbericht des Katholischen Frauenbundes für das Herzogtum Salzburg, Salzburg 1911.
Frau und Heim – Monatsblatt der Katholischen Frauenorganisation für die Erzdiözese Salzburg.
Kirchenblatt für den Lungau.
Tauern-Post – Illustriertes Wochenblatt für das Tauern-Gebiet und das obere Murtal.

Literaturhinweise
BLINZER Christian, Das caritative, soziale, religiöse und politische Wirken von Margit Gräfin Szápáry (1871–1943),
    Diplomarbeit Graz (in Vorbereitung).
BLINZER Christian / KOGLER Nina, „Frauen in die Politik – Frauen in der Politik", in Michaela Sohn-Kronthaler /
    Heimo Kaindl (Hgg.), frau.macht.kirche., Graz 2006, 89-96.
HANISCH Ernst, „Die Christlich-soziale Partei für das Land Salzburg, 1918–1934", in *Mitteilungen der Gesellschaft für
    Salzburger Landeskunde* 124 (1984), 477-496.
HAUCH Gabriella, „Frauenbewegungen: Frauen in der Politik", in Emmerich Tálos et al. (Hgg.), Handbuch des po-
    litischen Systems Österreichs, Erste Republik 1918–1933, Wien 1995, 278-291.
KLAMMER Peter, Auf fremden Höfen: Anstiftkinder, Dienstboten und Einleger im Gebirge (= Damit es nicht ver-
    loren geht, Bd. 26), Wien et al. 1992.
KLIEBER Rupert, „„Christliche Frau heraus!': Die Katholische Frauenorganisation Salzburgs von ihrer Gründung bis
    1919", in *Mitteilungen der Gesellschaft für Salzburger Landeskunde* 131 (1991), 225-257.
KRONTHALER Michaela, Die Frauenfrage als treibende Kraft: Hildegard Burjans innovative Rolle im Sozialkatholi-
    zismus und Politischen Katholizismus vom Ende der Monarchie bis zur ‚Selbstausschaltung' des Parlaments
    (= Grazer Beiträge zur Theologiegeschichte und Kirchlichen Zeitgeschichte, Bd. 8), Graz 1995.

Die Katholische Frauenbewegung im 21. Jahrhundert

Erika Dirnberger

Geschichte

Die Katholische Frauenbewegung Österreich (kfbö) feiert am 2. Juni 2007 ihr 60-jähriges Jubiläum in Salzburg. Nach dem Motto „Die Kraft ist weiblich" feiern kfb-Frauen aus ganz
Österreich auf den Plätzen rund um den Dom und in der Festspielstadt. Mit dem großen Selbstbewusstsein, in 60 Jahren zugunsten der Frauen viel bewegt zu haben und weiterhin zu bewegen, feiern sie gemeinsam und spirituell gestärkt das Bestehen der an Mitgliederzahl größten
Frauenbewegung Österreichs. Nach dem Zweiten Weltkrieg entstanden in vielen Pfarren
Frauengruppen, die sich zu caritativen Zwecken zusammenschlossen. Durch Wallfahrten und
große Veranstaltungen machten die Frauen ihre Gemeinschaft erlebbar und machten zugleich
ihr kirchliches und gesellschaftspolitisches Engagement öffentlich sichtbar. Im Jahr 1947 wurde

die Katholische Frauenbewegung Österreich in Maria Plain in Salzburg als eigenständige kirchliche Frauenorganisation gegründet. Zwei Jahre später wurde sie eine Einrichtung der Katholischen Aktion, der Organisation der Laien und Laiinnen der katholischen Kirche.

Ausarbeitung der Leitlinien

Zu Beginn der 1990er überdachte die kfbö ihr Selbstverständnis, um auf die gesellschaftspolitischen Situationen der Frauen, deren Lebenswirklichkeiten sich stark gewandelt hatten, adäquat reagieren zu können. In einem langen Prozess erarbeiteten Frauen österreichweit in den Pfarren und Gemeinden Schwerpunkte und definierten neue Ziele. So entstanden die Leitlinien der Katholischen Frauenbewegung, die im Oktober 1993 im Kongresshaus in Wels präsentiert wurden. Zehn Jahre später wurden sie wieder reflektiert und überarbeitet, um den Ansprüchen des 21. Jahrhunderts gerecht zu werden. Auch diese Leitlinien wurden von den Frauen in den Pfarren wieder bestätigt und angenommen.

Die Katholische Frauenbewegung (kfb) der Erzdiözese Salzburg

Die kfb ist eine Gemeinschaft von Frauen, die sich aus der Kraft des Glaubens sowohl kirchenals auch gesellschaftspolitisch für die Rechte der Frauen einsetzt. Sie gestaltet die Kirche aktiv mit und begleitet die Frauen in den Pfarren in ihren unterschiedlichen Lebensformen. Sie stärkt und fördert die Frauen in der Vielfalt ihrer Begabungen, Fähigkeiten und Interessen. Frauen werden in ihren Leitungsfunktionen in den Pfarren durch Schulungen, lebensbegleitende Angebote, spirituelle Vertiefungen und themenbezogene Behelfe unterstützt.

Die Lebens- und Arbeitsfelder der kfb sind in den oben genannten Leitlinien festgeschrieben. Sie benennen Zielpunkte der Arbeit und weisen Wege, damit immer mehr Frauen in den Pfarren selbstbewusst ihr Leben gestalten, ihren Glauben teilen und ihre Anliegen und Begabungen in Kirche und Gesellschaft einbringen. Die kfb hat in Absprache mit der Erzdiözese die vormaligen Dekanate in Regionen eingeteilt und Regionalleiterinnen eingesetzt. Diese fungieren als Brückenbauerinnen zwischen den Leiterinnen in den Pfarren und der diözesanen Leitung. Die Regionalleiterinnen stehen in ständigem Kontakt mit den Leiterinnen der einzelnen Gruppen und erfassen die Anliegen der kfb-Frauen, welche wiederum auf diözesaner Ebene Wege zur Unterstützung und Begleitung finden.

Angebote und Tätigkeiten der kfb

Die kfb bietet eine Reihe von Veranstaltungen zu lebensbegleitenden frauenspezifischen Themen an:

- Förderung und Begleitung von Frauengruppen in den Pfarren: Gespräche, Erfahrungsaustausch, Schärfung der sozialen Kompetenz, gemeinsames Erleben und Feiern;
- Schärfung und Förderung der sozialen christlichen Kompetenz: Nachbarschaftshilfe, Krankenbesuche, Einsatz als Erstkommunion- und Firmhelferinnen, Wortgottesdienstleiterinnen, Lektorinnen und Pfarrgemeinderätinnen; Organisation oder Mithilfe von Bazaren, Pfarrcafés und Wallfahrten;

Abb. 25 Ökumenischer Weltgebetstag der Frauen: „Gottes Geist erfülle uns" (Predigt von Birgit Fingerlos, 2003), „Zeichen der Zeit" (2006). Das Kirchenrecht erlaubt es Laiinnen und Laien, außerhalb der Liturgie der Hl. Messe zu predigen.

- Selbstbewusstseinsseminare und Frauenherbstseminare zur Entfaltung der Persönlichkeit;
- Aus- und Weiterbildungen zur Stärkung der Leitungsfunktionen in den Pfarren;
- Spirituelle Angebote zur Vertiefung des Glaubens: Besinnungstage, Frauenliturgie, Bibeltage, Wallfahrten;
- Entwicklungsförderung unter dem Aspekt des gemeinsamen Teilens im Rahmen der Aktion Familienfasttag, um die Lebensbedingungen von Frauen in Ländern des Südens zu verbessern und das entwicklungspolitische Bewusstsein zu bilden;
- Förderung der Ökumene durch das Engagement beim Weltgebetstag;
- Publikationen: diözesane *Frauenzeitung* (lebensbezogene Themen, Aktuelles und Berichte aus den Pfarren), *Welt der Frau* (Zeitung der Katholischen Frauenbewegung Österreichs).

Vernetzungen und Kooperationen: Die kfb ist in der Diözesanen Frauenkommission, in der Diözesankommission für Weltkirche und Entwicklungszusammenarbeit, im Salzburger Frauenrat, im Salzburger Netzwerk gegen Armut und soziale Ausgrenzung (= Salzburger Armutskonferenz) und im Frauenarmutsnetzwerk vertreten und arbeitet in der Plattform für Menschenrechte mit.

Region Lungau

Das Erbe der ehemaligen Bezirkspräsidentin der KFO, Margit Gräfin Szápáry, lebt im Lungau weiter. Unter dem Namen Frauenwerk gründete nach dem Zweiten Weltkrieg Anna Guggenberger in vielen Lungauer Pfarren Frauengruppen, die dann von Gertrud Schmitzberger als Dekanatsleiterin erfolgreich weitergeführt wurden. Als Annemarie Indinger 1989 die Dekanatsleitung übernahm, versuchte sie neue Wege in der Frauenarbeit zu gehen. So wurde sie zur großen Wegbereiterin der Regionalisierung und ist entscheidend für die gute Frauenarbeit im

Lungau verantwortlich. Kooperationen sowie die Vernetzung der Fraueninitiativen waren und sind ihr stets ein großes Anliegen. Sie hat dadurch viel zu der guten Struktur der Frauenarbeit im Lungau beigetragen und immer darauf geachtet, dass sich die kfb in der Region weiterentwickelt und einen klar strukturierten Platz im Lungau hat.

Auch für ihre Nachfolge hat sie gut gesorgt: Elisabeth Michael, die aktuelle Regionalleiterin im Lungau, hat sich für diese Aufgabe gut vorbereitet und eingearbeitet. Gestärkt durch Annemarie Indinger konnte Elisabeth Michael ihren eigenen Weg als Leiterin finden und gehen. Sie wird in ihrer Arbeit unterstützt von den großen Lungauer Frauenwerken in Tamsweg (Leiterin Maria Lechner) und Ramingstein (Leiterin Christl Brandstätter), von den kfb-Frauengruppen in Mariapfarr (Leiterin Birgit Fingerlos), Mauterndorf (Leiterin Anni Premm) und St. Michael (Leiterin Maria Karner) sowie von den Kontaktfrauen in allen Lungauer Gemeinden. Frauenwerke und Frauengruppen tragen in den Pfarren und Gemeinden durch ihr großes ehrenamtliches Engagement viel an caritativer, spiritueller und gesellschaftspolitischer Arbeit bei. Die Frauen haben aber auch gelernt, sich nicht ausschließlich für Andere einzusetzen, sondern auch für sich selbst etwas zu tun, d. h. durch verschiedene Bildungsangebote, Selbstbewusstseinsseminare und spirituelle Angebote ihre Persönlichkeit weiterzuentwickeln und auch ‚Tankstellen‘ für ihr ehrenamtliches Engagement zu finden.

Ich persönlich, die ich als gebürtige Niederösterreicherin als hauptamtlich Verantwortliche für die Region Lungau zuständig bin, habe viel von den Lungauer Frauen gelernt, die mich an ihren Lebenserfahrungen und Lebensweisheiten teilhaben lassen. Bis heute haben sie immer neue Wege ausprobiert, wie zum Beispiel meditative Wanderungen, die Wohlfühlwochen im Sommer oder die Schreibwerkstatt von Annemarie Indinger – Angebote, die zur persönlichen Weiterentwicklung beitragen sollen. Erst kürzlich war ich bei einer Lesung ihres zweiten Buches, verfasst von Lungauer Frauen, die in der Schreibwerkstatt schreiben. Es war etwas sehr Besonderes, das sich mir darbot, und es schenkte mir wieder einen Blick auf das Leben der Lungauer Frauen. Speziell dieser Abend hat mir gezeigt, wie viel sich in den letzten Jahren seit der Gründung verändert hat. Dass Frauen heute die Möglichkeit bzw. den Mut haben, aufzustehen um sich selbstbewusst zu präsentieren, den Mut haben sich für sich selbst einzusetzen, den Mut haben sich die Freiheit zu nehmen, ganz sie selbst zu sein und in Gesellschaft und Kirche ihren selbst gewählten Platz einzunehmen. Das erfüllt mich mit Stolz, Freude und Hoffnung. Und dafür bin ich sehr dankbar.

Politik und Liebesgaben: Sozio-biographische Skizzen einer facettenreichen Frauengestalt

Rosemarie Fuchshofer

Margit Gräfin Szápáry verkörpert auf einzigartige und anschauliche Weise die Spannungsfelder und den gesellschaftlichen Wandel des beginnenden 20. Jahrhunderts. Aus dem soziologischen Blickwinkel betrachtet, bietet ihre Lebensgeschichte, ihr *Nachlass*, sowohl bezüglich der persönlichen wie auch der öffentlichen, d. h. das Gemeinwesen betreffenden Aspekte ihres Wirkens eine Fülle von Erkenntnismöglichkeiten, die weit über eine deskriptiv-biographische Dimension hinausgehen. Um den zahlreichen Facetten dieser historischen Frauengestalt gerecht zu werden, bedarf es, sie in einen umfassenden, räumlich-zeitlichen, gesamtgesellschaftlichen Kontext zu stellen und zu betrachten.

Diese sozio-biographische Analyse lässt sich methodisch am ehesten durch den Versuch bewerkstelligen, Leben und Werk einer Reihe von – manchmal scheinbar widersprüchlichen – Rollenbildern (sogenannten „Merkmalsclustern") zuzuordnen, wie sie im Titel anklingen: der Wahrnehmung politischer Beratungsfunktionen einerseits und der persönlichen Fürsorge und Caritas andererseits; der hochadeligen Herkunft und der Hinwendung zur Bevölkerung; den Kategorien der Managerin und Investorin in Infrastruktur; wie auch der Ausstattung Einzelner mit scheinbar banalen, aber lebensnotwendigen Hilfsmitteln wie Schuhen und Zahnprothesen, die auf Bitte gewährt wurden. Ihr Wirken vollzieht sich auf zwei unterschiedlichen Handlungsebenen, der persönlichen (durch private, individuelle Zuwendungen, als deren Synonym der Begriff *Liebesgaben* steht) und auf einer zweiten, im Folgenden unter dem umfassenden Begriff *Politik* subsumierten Ebene (organisatorische, funktionale und institutionelle Zusammenhänge).

Die Lebenszeit von Margit Gräfin Szápáry war eine Zeit des allgemeinen Auf- und Umbruchs, auch des Zusammenbruchs. Die Epoche zwischen ca. 1870 und ca. 1940 ist gekennzeichnet durch eine Fülle von grundlegenden Veränderungen des Alltagslebens der Einzelnen und der Gesamtbevölkerung. Dazu zählen neben den politischen Entwicklungen, Kriegen und Krisen vor allem die verbreitete Verfügbarkeit des elektrischen Stroms, die Anfänge der Telekommunikation, die gestiegene Mobilität und die enormen Veränderungen in der Produktions- und Erwerbslandschaft. Die Menschen begannen sich aus ihren bisher kaum entrinnbaren raum-zeitlichen Verwobenheiten zu lösen. Biographien waren nicht mehr allein maßgebend durch Geburt und Stand bestimmt, sondern wiesen fortan ein – unterschiedlich ausgeprägtes – Maß an Gestaltbarkeit auf.

Die Gräfin

Wiewohl es dem Lungau nicht mangelt an großen Namen und Adelsgeschlechtern, die in der Region im Laufe der Jahrhunderte ihre Spuren hinterlassen haben, verdient niemand den Titel

Gräfin vom Lungau so sehr wie Margit Szápáry. Er fußt nicht auf Gütern und Besitzungen, nicht auf verliehenen oder ererbten Rechten oder Privilegien. Der gleichsam synthetische wie gewachsene Titel *Gräfin vom Lungau*, den die Ausstellung über Leben und Werk Margit Szápáry zuweist, ist ein erworbenes Prädikat, eine *Gräfin honoris causa* sozusagen, eine Zuschreibung. Vergleiche zur Position des langjährigen Thomataler Pfarrers Valentin Pfeifenberger drängen sich auf, der als *Bischof vom Lungau* tituliert wurde, wiewohl es zu seinen Lebzeiten mit Eduard Macheiner sogar einen lungaustämmigen Erzbischof in Salzburg gab.

Verliehen wurde Margit Szápáry der informelle Titel *Gräfin vom Lungau* durch die Bevölkerung für ihr jahrzehntelanges Sorgen und Wirken zum Wohle vor allem sozial benachteiligter Personengruppen, Invaliden, Frauen, Witwen, Waisen. Verliehen wurde er für ihren Einsatz für Bildung und Chancengleichheit, für eine verstärkte Wahrnehmung der Anliegen der Bevölkerung, eine Besserstellung des gesamten Bezirkes. Margit Gräfin Szápáry blieb nach Ausrufung der Republik und Abschaffung des Adels in Österreich für die Lungauer Bevölkerung *die Gräfin*. Es bedurfte keiner weiteren Namensnennung, die, ob ihrer fremden und schwierigen Lautmalerei, den meisten ohnehin schwer fehlerfrei über die Lippen gekommen wäre und über deren phonetisch richtige Wiedergabe berufene Kreise heute noch diskutieren mögen.

Abb. 26 Margit Comtesse Henckel von Donnersmarck

Die Tochter aus edlem Hause

Entwicklungslinien im Leben der Gräfin lassen sich entlang der biographischen Brüche nachvollziehen, der persönlichen Wendepunkte und den dadurch entstandenen Notwendigkeiten der Neuorientierung und Neupositionierung. Sie wurde hineingeboren in eine Adelsfamilie, die an den Fronten der aufstrebenden Schwerindustrie ebenso erfolgreich zugange war wie in den alten feudalen, agrarischen Erwerbsfeldern. Aufgewachsen war sie in herrschaftlichen Verhältnissen, im äußersten Südosten Schlesiens, wo die Familie Henckel von Donnersmarck ausgedehnte Besitzungen, u. a. Eisen- und Zinkhütten und die erste Zellulosefabrik Deutschlands ihr Eigen nannten. Man war mit der Hocharistokratie der Donaumonarchie ebenso verwandt und befreundet wie mit dem britischen, portugiesischen und belgischen Königshaus und dem Zaren von Bulgarien verschwägert (vgl. den Beitrag von Peter Wiesflecker). Margits Mutter, der das Auftreten einer Magnatin attestiert wird, dürfte eine sehr selbstbewusste Frau gewesen sein.

Margit Comtesse Henckel von Donnersmarck war, wie sich in ihren Schulaufzeichnungen und Zeugnissen ablesen lässt, sehr kreativ, am Lernen sehr interessiert, sie sog Wissen in sich auf. Ihre kindlichen Wunschzettel beinhalteten stets die Bitten nach Farben und Malutensilien, Stiften und Klebstoffen. Aber auch Mädchenuntypisches wie ein Tornister (Soldatenrucksack) oder ein Säbel finden sich darauf. Sie war, schenkt man dem vorliegenden Zeugnis einer Hauslehrerin von ihr Glauben, ein sehr höfliches und umgängliches Kind. Bis zu ihrer Verehelichung im Alter von 29 Jahren lebte sie zum überwiegenden Teil bei und mit ihren Eltern. Margit Szápárys beiden eigenen Kinder wurden in Schlesien geboren, was die Verbundenheit der Gräfin zu ihrem Elternhaus und zu ihrer „alten Heimat" verdeutlicht. Das Erbe der Eltern bildete die finanzielle Basis für den Bau von Burg Finstergrün und für die Erhaltung des Hausstandes über lange Zeit, war aber auch die finanzielle Grundlage ihrer Wohltätigkeit und ihrer Investitionen zum Wohl der Lungauer und Salzburger Bevölkerung.

Die Weltbürgerin und Frau von Welt

Margit Gräfin Szápáry verfügte infolge ihrer Herkunft und verwandtschaftlichen Bande über einen außergewöhnlich großen geographischen Aktionsradius. Sie korrespondierte bereits in sehr jungen Jahren, dies geht aus ihren privaten Aufzeichnungen hervor, in mehreren Sprachen. Für Sprosse eines weitverzweigten Adelsgeschlechtes von überregionaler Bedeutung war Mehrsprachigkeit obligat. Der Ausbau des Bahnnetzes erlaubte eine verstärkte Reisetätigkeit. Man war nicht mehr von Pferdekutschen abhängig, was sowohl eine höhere Effizienz als auch einen – relativen – Komfortgewinn bedeutete. Geurlaubt wurde an der oberen Adria. Es darf gemutmaßt werden, dass Margit dort in Abbazia (heute Opatija/Kroatien) ihren späteren Mann, den ungarischen Offizier Sándor Graf Szápáry kennen lernte. Fiume (Rijeka/Kroatien) war eine traditionelle Wirkungsstätte der Familie Szápáry, die über Generationen Gouverneure der Stadt waren. Nach der Verlobung von Sándor Graf Szápáry und Margit Comtesse Henckel von Donnersmarck heiratete das Paar auf dem Schloss der Brauteltern in Polnisch-Krawarn. Trauzeuge des Bräutigams war Hans Graf Wilczek, dem das Schloss Moosham bei Unternberg gehörte. Hier kommt erstmals der vom bisherigen Wohnort der Gräfin rund 700 Kilometer entfernte Lungau ins Spiel. Er lag allerdings nur wenig abseits der Reisestrecke nach Istrien (Entfernung Fiume – Beuthen/Siemianowitz ca. 1.000 Kilometer). Anzunehmen ist, dass ohne die 1894 eröffnete Murtalbahn dieser wildromantische, aber abgeschiedene Winkel mit seinen pittoresken Burgruinen als künftiger Wohnort für die junge Familie nicht in Frage gekommen wäre. Die durch Ramingstein führende Schmalspurbahn und der nächst der Burg Finstergrün gelegene Bahnhof garantierten aber ein gewisses Maß an Mobilität. Zudem war die (für das junge Ehepaar aus familiären Gründen wichtigere) Verbindung in den Osten besser und schneller als in die Landeshauptstadt Salzburg.

Allerdings dürfte der Landstrich der Gräfin Szápáry nicht gänzlich fremd gewesen sein, verfügte die Familie Henckel von Donnersmarck doch über ausgedehnte agrarische Besitzungen im Kärntner Lavanttal u. a. mit den Herrschaften Wolfsberg, Reideneben, St. Leonhard, Waldenstein und Reichenfels, den Frantschacher Montanbetrieben, Eisen- und Kohlebergwerken. Schloss Wolfsberg liegt etwa 120 Kilometer von der Burg Finstergrün entfernt, im Vergleich zu den anderen räumlichen Koordinaten, in denen sich das Leben der Gräfin Szápáry abspielte, faktisch *gleich ums Eck*. Auch nach ihrer Heirat mit Sándor Graf Szápáry hielt sich die Gräfin oft in Schlesien auf, vor allem, solange die Burg nicht fertiggestellt war. Mehrere Auslandsaufenthalte von Gräfin Szápáry sind belegt, unter anderem in Ungarn und Schlesien während der Monarchie oder auch später, nach dem ‚Anschluss' Österreichs an das Deutsche Reich, in Südtirol, Bayern oder Ungarn. Über ihre persönliche räumliche Mobilität hinaus brachte sie *die Welt in den Lungau*. Die Burg Finstergrün wurde Ziel vieler Größen ihrer Zeit, von den mit der Gräfin befreundeten adeligen Damen (z. B. Eleonore Prinzessin Schwarzenberg), zu Landeshauptleuten (Rehrl), Kanzlern (Ramek, Schuschnigg), Fürsterzbischöfen und Kardinälen (Waitz, Katschthaler) und vielen weiteren illustren Gästen.

Trotz ihrer *Weltläufigkeit* sah Margit Gräfin Szápáry im Lungau, in Ramingstein offenbar das, was das Meldegesetz heute einen „Mittelpunkt der Lebensinteressen" nennt, sah in der *Winkelwelt* (vgl. das gleichnamige Buch mit ‚Sagen aus dem Lungau" von Gertraud Steiner) Lungau, in der sich Geschichte und Geschichten so nahe standen und stehen, ihre Heimat. Darauf lässt die Tatsache schließen, dass sie, angesichts des zu erwartenden Todes, von Krankheit schwer gezeichnet (sie litt an einem schweren Herzleiden) die Strapazen des Transportes in den Lungau auf sich nahm, um im Schatten ihrer Burg zu sterben und dort begraben zu werden. Margit Szápáry zeichnet jene intensive, oft bei *eingebürgerten, zugezogenen* aber auch *weggezogenen* (*Exil-*)Lungauerinnen und Lungauern wahrgenommene Identifikation mit Land und Leuten aus, wie sie bei der *stationären* Bevölkerung in diesem Ausmaß in der Regel nicht wahrgenommen wird. Dazu bedarf es jenes *fremden* Blickes, geschärfter Wahrnehmung für Idylle und Wildnis, Schönheit und Beschaulichkeit, für Unaufgeregtheit, Beharrlichkeit, Entschleunigung und Redlichkeit. Dazu ist hilfreich (wenn nicht Bedingung), den Lungau (zeitweise) zu verlassen, um ihn mit anderen Lebenszusammenhängen vergleichen zu können. Stetige Idylle nutzt sich ab, von der schönen Aussicht kann man nicht leben. Bewohner/innen von Gegenden mit stark ausgeprägter regionaler Identität wird nachgesagt, sie seien Fremden gegenüber ablehnend bis feindselig, es dauere oft mehrere Generationen, bis man als *dazugehörig* anerkannt werde. Dass dies so nicht stimmt, beweist die quasi-*Einbürgerung* der Gräfin Szápáry, der „Gräfin vom Lungau".

Die Witwe

Margit Gräfin Szápáry war nur knapp vier Jahre mit ihrem Mann Sándor verheiratet. Die Familie bezog die Burg zwischen 1903 und 1905. In den bereits bewohnbaren Räumen haben die Eheleute – wenn überhaupt – nur wenige gemeinsame Monate verbracht. Sándor Graf Szápáry starb im März 1904, sehr plötzlich, sehr unerwartet. Margit Szápáry kam als junge, adelige, sehr vermögende Ehefrau in ein ihr fremdes Umfeld und sah sich wenige Jahre später als Alleinerzieherin zweier kleiner Kinder weitgehend auf sich selbst gestellt. Sie lernte einen Lungau kennen, wie ihn Ignaz von Kürsinger wenige Jahrzehnte davor in seiner empirischen Feldstudie, wiewohl kein *gelernter* Wissenschaftler, sondern gewesener k.u.k. Pfleger, gewissenhaft und detailgenau beschrieben hat: „Die Nahrung des Lungauers ist nicht beneidenswert, sie ist schlechter als im Pongau und viel schlechter als die des Pinzgauers. In einem Lande, wo selbst bei angestrengtester Arbeit der Erwerb nur ein geringer sein kann, erscheint ein mäßig genügsames, fleißiges und arbeitsames Leben fast als ein Naturgesetz." Dies dürfte auch noch so gewesen sein, als die Szápárys in den Lungau kamen.

Abb. 27 Burgbau. Im Vordergrund Margit Gräfin Szápáry in schwarzem Gewand

Der Tod ihrer Eltern, die knapp nacheinander im Jahre 1908 starben, also vier Jahre nach Margits Ehemann Sándor, hinterließ wiederum eine große Lücke im Leben der Gräfin. Dieses war in den folgenden Jahren – wie die Burg – eine ‚Baustelle', in der sie mit den Kindern fortan lebte. Die neue Situation erforderte ein ausgeprägtes Maß an Disziplin und Selbstorganisationsfähigkeit und dürfte einen – weitgehend unfreiwilligen – Emanzipationsschub bei der jungen Gräfin ausgelöst haben. Dieser *Witweneffekt* ist empirisch nicht hinlänglich untersucht, lässt sich aber an vielen, auch prominenten Beispielen ablesen. Zum einen spielt das Leben diesen Frauen Bälle zu, die sie bislang *nicht annehmen* mussten, zum anderen verletzten sie die zugeschriebenen Kompetenzbereiche und angestammten Wirkungsfelder ihrer Männer nicht (mehr), es kam zu keinen *Gebietsverletzungen* von öffentlich und privat. Eher nicht anzunehmen ist, die Gräfin hätte zu Lebzeiten ihres Mannes über ein gering ausgeprägtes Selbstbewusstsein verfügt. Die Rollenzuschreibungen von Margit Szápáry (und ihr *role-taking*) wären unzweifelhaft mit einem zuständigen Mann an ihrer Seite, der zu dieser Zeit die öffentlichen und offiziellen Belange der Familie wahrnehmen hätte können, anders verlaufen. Schwer vorstellbar, dass die unterschiedlichen Kommissionen des Landes, denen Margit Gräfin Szápáry im Laufe ihres Lebens angehörte, auf *sie* zugekommen wären und *sie* um ihre Mitarbeit gebeten hätten, wäre mit dieser Berufung der Graf übergangen worden. Zweifelsohne sind diese Gedankengänge Spekulation, aber sie stellen eine begründete Annahme dar.

Die *Mutter des Lungaus*

Die ersten Jahre im Lungau fungierte die Gräfin vor allem als Spenderin, Investorin, Arbeitgeberin und prägende optisch-materielle Gestalterin der *Skyline* ihrer neuen Wahlheimatgemeinde. Die langwierige und umfassende Aufgabe der Ausstattung und Einrichtung der neuen Burg dürfte die ersten Jahre im Lungau die Hauptaufgabe der kunstsinnigen und kreativen Gräfin (vgl. Beitrag von Reinhard Simbürger) gewesen sein. Innerhalb weniger Jahre selber Witwe und Waise geworden, sah sie sich gezwungen, Entscheidungen in absoluter Selbstverantwortung zu treffen, und entwickelte als Erhalterin eines großen Hausstandes mit vielen Bediensteten, als Arbeitgeberin für eine Reihe von Personen ein ausgeprägtes Sensorium für Nöte und Bedürfnisse der Bevölkerung. Wiewohl nicht ihre Pflicht und Zuständigkeit, wurde sie zu einer *dem Volke zugewandten Schirmherrin*, einer *Fürsorgerin* und *Wohltäterin* und wurde dafür (posthum) mit dem Titel *Mutter des Lungaus* geehrt. Diese einengende, idealisierende wie auch ideologisierende Zuschreibung wird vor allem in Nachrufen wie dem von Nora Watteck benutzt, auch in der Salzburger Landeszeitung findet sich in einem Artikel aus dem Jahr 1989 diese Kategorisierung.

Über die persönliche Auslegung ihrer biologischen Mutterrolle gegenüber ihren beiden leiblichen Kindern lässt sich nur mutmaßen. Tatsache ist, dass Sohn Béla auf ausdrücklichen Wunsch des früh verstorbenen Vaters in Ungarn erzogen wurde und während seiner Kindheit die Mutter selten sah. Tochter Jolánta verbrachte ihre frühe Kindheit im Lungau, verließ diesen später zu Ausbildungszwecken, brachte dann aber faktisch ihr weiteres Leben an der Seite der Mutter zu. Sie dürfte ein sehr enges (möglicherweise nicht ganz friktionsfreies) Verhältnis zu ihrer Mutter gehabt haben. Die Figuren von Jolánta, die manchen Bewohner/innen des Lungaus noch gegenwärtig ist und der meist eine hohe Wertschätzung entgegengebracht wird, und Margit Szápáry werden mitunter in Erinnerungen und Erzählungen verwechselt und vermischt. Dies dürfte darin begründet liegen, dass die Tochter das Vermächtnis der Mutter hochhielt, im religiösen wie auch im sozial-caritativen Sinne in deren Fußstapfen trat und in Tamsweg im Fürsorgeamt wirkte.

Der Tod der Gräfin Szápáry wurde laut Nachruf im *Neuen Wiener Tagblatt*, der unmittelbar nach ihrem Ableben erschienen war, definiert als „Ereignis für das ganze obere Murtal, in welchem diese menschlich wunderbare Persönlichkeit seit Jahrzehnten legendäre Bedeutung gewonnen hat". Die Geschichten und Einzelschicksale, die mit der persönlichen Fürsorge der Gräfin in Verbindung stehen, sind in der Tat mannigfaltig. Sie reichen von Bekleidung und vor allem Schuhen für bedürftige Kinder, über Schulartikel und Lebensmittelspenden zu den *sprichwörtlichen Zähnen der Gräfin Szápáry*, wonach, so Nora Watteck überzeichnend in ihrem Aufsatz, es kaum eine alte Bäuerin im Lungau gäbe, deren falsches Gebiss nicht von der Gräfin finanziert worden war. Dabei *ließ* die Gräfin nicht bloß helfen, sie delegierte Hilfe nicht, indem sie *nur* Geld gab, sie war in der Tat in die Tat selbst involviert, war präsent, machte sich vor Ort ein Bild und half bei praktisch jedem Anlass *rasch und unbürokratisch,* wie das heute heißen würde. Neben den konzertierten und organisierten Hilfsaktionen für spezielle Personengruppen und bei lokalen wie überregionalen Katastrophen macht diese unmittelbar *fühlbare* Einzelfallhilfe einen großen Teil des *Mythos Margit Gräfin Szápáry* als *Mutter des Lungaus* aus.

Es wäre allerdings ein Fehlschluss, aus ihrem sozialen Engagement einen Hang zum Egalitarismus oder zu sozialer Nivellierung abzuleiten. Trotz aller Volksnähe und Liebe zu den einfachen Menschen, trotz besonderer Zuwendung zu benachteiligten Gruppen, zu Witwen, Waisen und Behinderten, trotz ihres großen Herzens bleibt sie zeitlebens die *Gräfin* Szápáry. Eines scheint klar: *Eine von uns* war sie kaum.

Die Initiatorin und Funktionärin

Das Engagement der Gräfin erschöpfte sich aber nicht in spontaner Einzelfallhilfe und punktuellen Hilfsaktionen aus gegebenen Anlassfällen, deren es im Lungau viele gab: die großen Brände, die stets wiederkehrenden Fabrikschließungen, die prekäre Lebensmittelversorgung während des Ersten Weltkriegs, der schlechte Zustand der Schulen, die allgemeine soziale Lage der Keuschlerfamilien, Dienstbotinnen und Dienstboten sowie Anstiftkinder. Margits Großvater Hugo war ihr sowohl in seinem Ruf als sozial engagierter Unternehmer als auch innovativer Land- und Forstwirtschafter ein Vorbild. Sie nutzte ihre Herkunft und den aus ihrem gesellschaftlichen Stand erwachsenen Einfluss, aber auch ihre durch die genossene Bildung erworbenen Kompetenzen, um an der Veränderung von Strukturen zu arbeiten. Beispiele dafür sind die Invalidenfürsorge, die Kriegerheimstättenfrage und die Verbesserung der Lebensmittelversorgung im Ersten Weltkrieg durch die Gemüsebauaktion. Hier handelt es sich um technische und soziale Innovationen.

Trotz ihres traditionell geprägten Hintergrundes war sie offen für Veränderungen, ja betrieb sie gezielt. Durch das Ermöglichen des Anschlusses des Lungaus an das Telefonnetz förderte sie die Öffnung der Region hin zum Umland und half die geographische Abgeschiedenheit und die eingeschränkte Erreichbarkeit über Straße und Schiene aufzubrechen. Als der weitere Ausbau des Murfallwerkes, der für eine Stromversorgung des Lungaus von großer Bedeutung war, wegen *mangelnder Hilfe des Landes* zu stocken drohte, intervenierte sie bei der Landesregierung und übernahm Kosten für Planungsunterlagen. Über ihr umfassendes Wirken im Rahmen der Katholischen Frauenorganisation auf Landes-, Bezirks- und örtlicher Ebene wurde an anderer Stelle umfassend berichtet (vgl. Beiträge von Christian Blinzer).

In den institutionalisierten Handlungsfeldern wurde von Margit Gräfin Szápáry, um die Diktion der *New Economy* zu bemühen, gezielt klassisches *Prozess- und Projektmanagement* betrieben, *Lobbying* und *Networking* auf hohem Niveau. Ihr persönlicher Nutzen dieser Aktivitäten war gering, denn Margit Szápáry gehörte den Zielgruppen ihrer Aktivitäten nicht an. Es war kaum die Vertretung von Eigeninteressen, die sie zu ihrem Handeln motivierte. Stets war sie bereit, ihr eigenes Vermögen, sowohl ihr monetäres als auch ihre persönlichen Kompetenzen, in die Planung und Verwirklichung ihrer eigenen Vorhaben oder der ihr übertragenen Aufgaben zu investieren. Sie war ebenso Initiatorin wie ,Motor' und Geldgeberin, stellte Personal und eigene Kapazitäten zur Verfügung. Sie machte ihr eigenes Engagement nicht von offizieller oder öffentlicher Unterstützung abhängig. Margit Gräfin Szápáry stellte in gewisser Weise eine *autonome Instanz* dar.

Ihre Bekanntschaft und Freundschaft mit wichtigen Persönlichkeiten, Handlungs- und Entscheidungsträgerinnen und -trägern, aber vor allem auch ihre Autorität und ihr Fachwissen brachten ihr den Ruf in prominent besetzte beratende Gremien ein. Sie war Mitglied der von der Landesregierung berufenen Kommission zur Invalidenfürsorge, von 1915 bis 1919 Vorsitzende der Invalidenfürsorgestelle im Bezirk Tamsweg. Sie gehörte dem Vereinsauschuss zur Lösung der Kriegerheimstättenfrage an, in der Reihe von Funktionären wie dem Präsidenten des österreichischen Abgeordnetenhauses Dr. Julius Sylvester, dem k. u. k. Regierungsrat Dr. Eduard Rambousek, dem Kaiserlichen Rat und Bürgermeister der Stadt Salzburg Max Ott und dem Kaiserlichen Rat und Bankier Anton Daghofer. Sie war die einzige Frau in diesem Ausschuss – noch vor Einführung des Frauenwahlrechts wurde Margit Gräfin Szápáry gefragt und gehört.

Durch ihr Wirken, welches sich nach den Bedürfnissen der Bevölkerung richtete, zählte Margit Gräfin Szápáry ohne Zweifel zu den profiliertesten *Real- und Regionalpolitikerinnen bzw. -politikern* ihrer Zeit im Land Salzburg, deren Wirkungskreis auch in die umgebenden Bezirke ausstrahlte. Mit ihrer Biographie war sie die personifizierte Europäische Integration, mit ihrem Wirken ein Beispiel an interkommunaler und überregionaler Zusammenarbeit.

Die Unternehmerin und Investorin

Margit Gräfin Szápáry war keine Unternehmerin im herkömmlichen Sinn. Trotzdem führte sie, gemessen an den lokalen Verhältnissen als Burgherrin, ein kleines Wirtschaftsimperium mit Außenstellen (z. B. Jagdhaus Göriach), war Investorin und Arbeitgeberin, ein maßgebender Faktor der regionalen Wirtschaft ihrer Zeit. Der Privatnachlass enthält eine akribische Buchführung, detaillierte Aufzeichnungen über Ausgaben und Materialverbrauch des gräflichen Hausstandes. Unterlagen dokumentieren ein wachsendes Missverhältnis zwischen Einkünften und Aufwendungen. Diese Aufwendungen waren allerdings zum geringsten Teil repräsentativer Natur, sondern waren für ihr finanzielles Engagement vorgesehen, welches nicht auf Profit ausgerichtet war.

Unter diesem Gesichtspunkt ist auch der Versuch zu werten, in den 1920er Jahren das vorhandene *Betriebskapital Burg* zu nutzen, die Kosten ihres Unterhalts zu decken, indem *paying guests* (zahlende Gäste) auf der Burg aufgenommen wurden. Dieses Unterfangen kann bei einseitig wohlwollender Betrachtung als regionaler Innovationsschub im aufkeimenden Individualtourismus ausgelegt werden, als zielgruppenspezifisches Angebot mit hohem Erlebniswert. Ebenso kann die Errichtung des Tennisplatzes im Außenbereich des Burggeländes als Investition in zukunftsweisende touristische Infrastruktur erachtet werden. Allerdings war die eher aus der Not heraus geborene Idee nicht das Gebot der Stunde. Die weltwirtschaftlichen Turbulenzen schwächten die Finanzen der potentiellen Zielgruppe, soweit diese nicht ohnehin durch den *verlorenen* Krieg erhebliche Einbußen erlitten hatte. Die Tausend-Mark-Sperre, die von 1933–1936 galt, tat ein Übriges dazu, dass dem Vorhaben kein durchschlagender Erfolg vergönnt war. Nicht wenige der mittlerweile selbst nicht mehr mit großem Vermögen gesegneten Gäste dürften zudem den Begriff „Gast" allzu wörtlich interpretiert und das Adjektiv „zahlend" stillschweigend übergangen haben. Zumindest hielten sich die Einnahmen der *Hotelburg* Finstergrün in Grenzen.

So zielgerichtet und effizient das Vorgehen der Gräfin in der Planung und Durchführung ihrer strukturverändernden Vorhaben war, die sie mit fast ‚preußisch' zu nennender Vehemenz und Gründlichkeit betrieb (was ihr im behäbig-beschaulichen Wirtschaftsgefüge des vornehmlich agrardominierten Lungaus sicher nicht nur Freundinnen bzw. Freunde beschert hat), so wenig war die Gräfin im Stande, auf Eigennutz und Kostendeckung ausgerichtete Vorhaben im Eigeninteresse gewinnbringend zu betreiben. Die *Geschichte mit dem Telefon* ist ebenso legendär wie bezeichnend: Hätte die Gräfin Szápáry im Jahre 1908 nicht 12.000 Kronen (umgerechnet etwa € 59.000) als Sicherstellung hinterlegt, die Postverwaltung hätte die geplante Telefonleitung in den Lungau nicht verlegt. Natürlich profitierte sie selbst vom Nutzen der infrastrukturellen Verbesserung, die Anbindung ihrer abgeschiedenen Wohnidylle an die Außenwelt bedeutete besonders für sie einen im-

Abb. 28 Margit Gräfin Szápáry im Alter

mensen persönlichen Vorteil. Sie rückte wieder näher an Verwandte und Freundinnen bzw. Freunde heran, die über die gesamte Donaumonarchie und halb Europa verstreut waren. Dieser persönliche Nutzen rechtfertigt nicht, dass die vereinbarten Rückzahlungen eines großen Teiles der vorfinanzierten Summe von den Lungauer Gemeinden unterblieben. Letztlich soll sie nur etwa ein Drittel des Geldes wiedergesehen haben. Auch die Investitionen in Ausstattungen von Feuerwehren (Schläuche und Leitern) im Lungau und in der angrenzenden Steiermark hätte im Fall des Falles – die alte Burg war ja beim großen Brand des Jahres 1841 schwer in Mitleidenschaft gezogen worden (vgl. Beitrag von Anja Thaller) – ihr eigenes Hab und Gut sichern und retten geholfen. Die Investition kam aber mehreren Gemeinden des Lungaus zugute, die gegen immer wiederkehrende Großbrandereignisse so besser gewappnet waren.

Letztlich steht gegen Ende des Lebens der Gräfin Szápáry ein Akt, den wir heute als Privatkonkurs bezeichnen würden und in der Versteigerung des wertvollen Mobiliars und der Aufgabe des persönlichen Nutzungsrechtes *ihrer Burg* gipfelte. Zu beachten ist in diesem Kontext allerdings, dass der *Konjunkturzyklus* des gräflichen Wirkens zwei Weltkriege und eine Weltwirtschaftskrise umfasste. Vor allem der Erste Weltkrieg hatte Margit Gräfin Szápáry enorme Verluste beschert, die als vermögende kaisertreue Patriotin Kriegsanleihen in großem Umfang gezeichnet hatte. Letztlich dürfte ihr – relativer – finanzieller Ruin aber aus der verlorenen Verfügbarkeit über das elterliche Erbe aus den schlesischen Besitzungen der Henckel von Donnersmarck resultieren. Hermann Göring, der sich zu jener Zeit oftmals wenige Kilometer entfernt auf *seiner* Burg Mauterndorf aufhielt, hätte ihr, wären die beiden sich ideologisch und emotional näher gestanden, vermutlich bei der Klärung der Angelegenheit behilflich sein können. Allerdings war genau das Gegenteil der Fall. Margit Gräfin Szápáry hatte sich bereits zu Zeiten des aufkommenden Nationalsozialismus eindeutig dagegen positioniert. Als tiefgläubige Frau und Vertreterin des Politischen Katholizismus verwahrte sie sich gegen jegliche Nähe zum neuen Regime. Es gibt eindeutige Indizien dafür, dass Göring höchstpersönlich bei den Vorgängen seine Hände im Spiel hatte, die den Niedergang des *Unternehmens Szápáry* zur Folge hatten.

Trotzdem scheint es angebracht, in diesem Zusammenhang von einer *relativen Verarmung* zu sprechen. Gemessen am durchschnittlichen Realeinkommen der Lungauer Bevölkerung dieser Zeit war Margit Szápáry immer noch relativ vermögend. Die finanzielle Gebarung und das wirtschaftliche Handeln der Gräfin waren nie auf Gewinn ausgerichtet. Auch als sie sich ihre Großzügigkeit nicht mehr leisten konnte, investierte sie in Vorhaben, die auf *non profit* bzw., wie es inzwischen treffender heißt, auf *social profit* ausgerichtet waren.

Die Visionärin

Margit Gräfin Szápáry verkörperte, an der Schwelle zum 20. Jahrhundert und in dessen schwierigen ersten Jahrzehnten, eine Synthese aus Tradition und Aufbruch. Sie sah sich ihrer adeligen Abstammung verpflichtet, scheute sich aber nicht vor Veränderung. Nach dem Ende der Donaumonarchie, in deren Rahmen ihre Herkunftsfamilie eine tragende Rolle gespielt hatte, beklagte sie nicht den *Untergang des Abendlandes*, sondern setzte ihre Gestaltungskraft für die Verbesserung von Strukturen und Lebensbedingungen der Bevölkerung der von ihr gewählten Heimat ein. Person und Persönlichkeit Margit Gräfin Szápárys sind geprägt von der Verankerung in der Herkunftswelt, der Zuwendung zur selbstgewählten Lebenswelt und einer ausgesprochen Orientierung an den Erfordernisseen der Zukunft. Deutlichstes öffentliches Zeichen dafür ist das Goldene Ehrenzeichen für Verdienste um die *Republik* Österreich, mit dem die Gräfin 1934 vom Bundespräsidenten Miklas ausgezeichnet wurde. Mehr noch als dieses *adelt* sie die Erinnerung und das Andenken, das die Lungauer Bevölkerung bis heute an die *Gräfin vom Lungau* bewahrt und die Hochachtung, mit der man noch heute, mehr als 50 Jahre nach ihrem Tod, von ihr spricht.

Der Lungau als Lebens- und gestaltbarer *Sozialraum* wurde und wird stets viel weiter an den Rand geschrieben und geredet, als er geographisch tatsächlich liegt. Die attestierte *Strukturschwäche* kann sich nur auf die offiziellen Komponenten des Lebens beziehen, die sich in Wachstumsraten und Bruttoregionalprodukten messen. Die evidenten Probleme liegen in dem Abwanderungsdruck und den Anpassungsschwierigkeiten an eine sich rasch verändernde Wirtschafts- und Lebenswelt, eine Leistungs- und Freizeitgesellschaft. Es sind dieselben Nöte, die vergleichbare Regionen wie das Mühlviertel, Teile des Waldviertels, die Mur-Mürz-Furche und Teile Kärntens mit ihren Industriebrachen und erst kürzlich stillgelegten Bergbaurevieren haben. Sie gelten aber in besonderem Ausmaß auch für die neuen deutschen Bundesländer und die EU-Erweiterungszonen im Osten und Südosten.

Über der *Strukturschwäche* dürfen aber die autochthonen, also die aus der Region selbst erwachsenden Potentiale *(home grown)* nicht übersehen werden. Hier zeigt der Lungau immer schon Stärke: auf der *informellen*, der *immateriellen* Ebene, in der Kraft seiner Bewohner/innen im Umgang mit lokalen Nöten und Katastrophen, in den kleinteiligen, familiären und nachbarschaftlichen sozialen Netzwerken, den Unterstützungsmechanismen und in der sprichwörtlichen *Bescheidenheit, Redlichkeit* und *Beharrlichkeit*, mit der Existenzen geschaffen und gesichert, Lebenskonzepte verwirklicht werden.

Die Gräfin hat die Entwicklungspotentiale des Lungaus erkannt und gefördert. Sie hat in Bildung, Kinder, Frauenförderung, in die regionalen Kräfte investiert und diese gefördert, aus eigenem *Vermögen* (geistig wie monetär) und mit eigenem Kapital. Neben ihrer Wohltätigkeit und Fürsorge für Einzelne und benachteiligte Gruppen war es vor allem ihre Innovationsfreude, das Vertrauen in die Veränderungsfähigkeit und die Schaffung erweiterter Möglichkeiten, die ihr Wirken als nachhaltig erkennen lassen. Dabei hatte sie es Kraft ihrer Herkunft und Kraft ihrer gesellschaftlichen Position leichter als andere. Sie war nicht angewiesen auf Zuwendung und Zustimmung der traditionellen regionalen Eliten und Entscheidungsinstanzen. Sie war unangekränkt von lokalen Verbindlichkeiten, niemandem einen Gefallen *schuldig*, niemandem verpflichtet. Ihr Handeln war selbstbestimmt und selbstgesteuert, orientiert an den faktischen Notwendigkeiten, weitestgehend unbeeinträchtigt von der herrschenden *Organisationskultur* und ungeachtet der regionalen und lokalen *Organisationsdynamik*.

Der Lungau und die anderen vergleichbaren Regionen bräuchten eine neue Gräfin. Aber es wird keine kommen. Eine ‚neue Gräfin‘, auf die manche regionalen Instanzen in Gestalt eines multinationalen Wirtschaftsimperiums hoffen – personifiziert in Namen wie Mateschitz, Stronach oder Abramovic – wird kaum so vorbehalt- und bedingungslos in Regionen und Strukturen investieren. Deren Engagement muss auch im Kontext umfassender Marketingstrategien gesehen und gedeutet werden. Die aktuelle Anforderung für die Zukunft heißt demnach, *die Gräfin in jeder und in jedem* zu finden und zu mobilisieren. Für die Entscheidungsträger/innen gilt es, adäquate Rahmenbedingungen zu schaffen und einer *Kultur der Ermöglichung* Raum zu geben.

Literaturhinweise

BLINZER Christian, Das caritative, soziale, religiöse und politische Wirken von Margit Gräfin Szápáry (1871–1943), Diplomarbeit Graz (in Vorbereitung).

FUCHSHOFER Rosemarie, Heidi wohnt hier nicht mehr: Zur Abwanderung des autochthonen kreativen und innovativen Potentiales aus dem Lungau. Endbericht zum Projekt des Jubiläumsfonds der Österreichischen Nationalbank, Henndorf 2002.

KLAMMER Peter, „Von einem Hof zum anderen: ‚Reisen‘ der Dienstboten", in Alfred Weiß / Christine Maria Gigler (Hgg.), Reisen im Lungau (= Salzburg Archiv, Bd. 25), Salzburg 1998, 191-210.

KÜRSINGER Ignaz von, Lungau: Historisch ethnographisch und statistisch aus bisher unbenützten urkundlichen Quellen, Salzburg 1853.

SCHUSTER Maria, Auf der Schattseite (= Damit es nicht verloren geht, Bd. 40), Wien 1997.

STEINER Gertraud, Winkelwelt: Sagen aus dem Lungau, Tamsweg 1999.

WATTECK Nora, „Gräfin Margit Szápáry: Ein Lebensbild", in *Mitteilungen der Gesellschaft für Salzburger Landeskunde* 119 (1979), 261-279.

WEICHBOLD Martin / FUCHSHOFER Rosemarie, Erwachsenenbildung und regionale Entwicklung im Lungau. Studie im Auftrag der Arbeitsgemeinschaft Erwachsenenbildung. Materialband, Salzburg 1997.

Autorinnen und Autoren

Christian Blinzer (geb. 1979), Studium in Graz und Dublin, Studienassistent am Institut für Kirchengeschichte und Kirchliche Zeitgeschichte, Studienassistent am Institut für Anglistik / Abt. Sprachwissenschaft der Karl-Franzens-Universität Graz, Diplomarbeit über Leben und Wirken von Margit Gräfin Szápáry, Veröffentlichungen zur Frauen- und Geschlechtergeschichte, regionalgeschichtliche Veröffentlichungen in Vorbereitung.

Hans Bogensberger (geb. 1946), von 1968 bis 2004 in der Kommunal- und Regionalpolitik tätig, davon 13 Jahre Bürgermeister von Ramingstein, Obmann des Kulturvereines ‚urkult', Kulturschaffender, Tobi-Reiser-Preisträger 2002, Lehrgangsdiplom Kulturmanagement, selbstständiger Projektmanager.

Erika Dirnberger (geb. 1958), Dr. iur., Frauenreferentin der Katholischen Frauenbewegung der Erzdiözese Salzburg, zuständig für Öffentlichkeitsarbeit und gesellschaftspolitische Arbeit, hauptamtlich zuständig für die Regionen Lungau, Pongau und Salzburg Stadt.

Rosemarie Fuchshofer (geb. 1962), Mag. rer.soc.oec., Dr. phil., Studium Soziologie und Publizistik in Salzburg, freie Sozialwissenschafterin mit Schwerpunkt Regional- und Gemeinwesensoziologie (Institut StadtLandBerg), Forschungs-, Lehr- und Vortragstätigkeit u. a. am Fachbereich Politikwissenschaft und Soziologie der Paris-Lodron-Universität Salzburg, (Mit-)Autorin mehrerer sozialwissenschaftlicher Arbeiten über den Lungau.

Gabriella Hauch (geb. 1959), Mag. et Dr. phil., Univ.-Prof., 1996 Verleihung der Lehrbefugnis für Neuere Geschichte und Zeitgeschichte, Vortrags-, Lehrtätigkeit und Gastprofessuren im In- und Ausland, 2000–2003 Universitätsprofessorin für Neuere Geschichte und Zeitgeschichte und seit 2003 Universitätsprofessorin und Vorstand des gesamtuniversitären Instituts für Frauen- und Geschlechterforschung an der Johannes-Kepler-Universität Linz.

Gerald Hirtner (geb. 1983), Studium Geschichte und Politikwissenschaft in Salzburg und Brüssel, bisherige Publikationen in Zusammenarbeit mit Mag. Klaus Heitzmann über die Geschichte von Unternberg und der Bürgermusik Tamsweg, weitere regionalhistorische Arbeiten in Vorbereitung.

Annemarie Indinger (geb. 1930), Lehrerbildungsanstalt in Salzburg, Volksschullehrerin in Ramingstein und St. Andrä/Lungau, Dekanatsleiterin der Katholischen Frauenbewegung im Lungau 1989–2002, Initiatorin der Lungauer Schreibwerkstätten.

Manfred Perko (geb. 1956), Mag. theol., Studium Evangelische Theologie in Wien, Ausbildung zum Spiel- und Gruppenpädagogen bei der Arbeitsgemeinschaft für Gruppenberatung, Evangelischer Pfarrer in Graz-Liebenau, Lehrer für Gemeindepädagogik an der Evangelischen Religionspädagogischen Akademie Wien, Mitarbeiter der Evangelischen Jugend seit 1972, Burgrat seit der Gründung des Burgrates von Finstergrün 1989.

Reinhard Simbürger (geb. 1960), Mag. art., Fachschule für Holz- und Steinbildhauerei in Hallein, Hochschule für Gestaltung in Linz (Meisterklasse Bildhauerei), Leiter von künstlerischen Workshops und kunstpädagogischen Seminaren, Mitglied der Band „Querschläger".

Anja Thaller (geb. 1980), Mag. phil., Studium Geschichte und Deutsche Philologie (Lehramt) in Graz und Bologna, derzeit Doktoratsstudium, Mitarbeiterin des Instituts für Geschichte / Abt. Mittelalter der Karl-Franzens-Universität Graz im Rahmen eines FWF-Forschungsprojekts (Dokumentenedition zum Patriarchat Aquileia).

Peter Wiesflecker (geb. 1965), Mag. et Dr. phil., MAS (Geschichtsforschung und Archivwissenschaft), Mitglied des Instituts für Österreichische Geschichtsforschung, seit 1998 Archivar im Steiermärkischen Landesarchiv, Leiter des Referates Sondersammlungen, Forschungsschwerpunkte: Steirische und Kärntner Landesgeschichte, Geschichte des Hauses Habsburg und des österreichischen Adels.

Personenverzeichnis

Die Namen sind nur in reduzierter Form erfasst. Die vollen Namensformen inkl. Adelsprädikate finden sich in den Texten.

Abbildungsnachweis

ARGE Szápáry, Ramingstein: Abb. 1, Umschlag
Evangelische Jugend Österreich, Wien: Abb. 22
Katholische Frauenbewegung, Tamsweg: Abb. 25
Museum Carolino Augusteum, Salzburg: Abb. 19
Sammlung Heimatmuseum, Tamsweg: Abb. 2, 3, 4, 5,
   6, 7, 9, 10, 18, 24
Sammlung Pichler, Ramingstein: Abb. 12, 23
Tafelrunde Burg Finstergrün, Ramingstein: Abb. 21
Wilhemine Gräfin Wolff-Metternich, München: Abb. 8
Yvonne Prinzessin von Hessen, München: Abb. 11, 13,
   14, 15, 16, 17, 20, 26, 27, 28, Umschlag